C.H.BECK

in der Beck'schen Reihe

Der Streit um den historischen Aussagewert der Bibel hat in den letzten Jahrzehnten gelegentlich zu einem lebhaften publizistischen Meinungsaustausch geführt. Natürlich sind die damit verbundenen Fragen auch für eine knappe Darstellung der Geschichte Jerusalems in der Antike von Bedeutung. Eckart Otto aber vertritt in seinem Buch keinen von ideologischen oder politischen Interessen überlagerten Standpunkt, sondern bietet anhand der archäologischen und schriftlichen Quellen einen informativen, allgemeinverständlichen und anregenden Überblick über die Geschichte der Stadt vom 4. Jahrtausend v. Chr. bis zum 7. Jahrhundert n. Chr. Dabei illustriert er mit Hilfe von zahlreichen Abbildungen und Plänen den heute erreichten Wissensstand über die Entwicklung dieses wichtigen Zentrums dreier Weltreligionen.

Eckart Otto ist Ordinarius für Alttestamentliche Theologie an der Ludwig-Maximilians-Universität München; im Verlag C. H. Beck ist von ihm lieferbar: *Mose. Geschichte und Legende* (bsr 2400).

Eckart Otto

DAS ANTIKE JERUSALEM

Archäologie und Geschichte

Verlag C. H. Beck

Mit 37 Abbildungen und Karten

Originalausgabe
© Verlag C. H. Beck oHG, München 2008
Satz: Kösel, Krugzell
Druck und Bindung: Druckerei C. H. Beck, Nördlingen
Umschlagmotiv: Fassade des Tempels
nach einer Wandmalerei aus Dura Europos, um 250 n. Chr.;
Photo: akg-images, Berlin
Umschlagentwurf: Uwe Göbel, München
Printed in Germany
ISBN 978 3 406 56881 7

www.beck.de

Inhalt

I. Eine historische Geographie Jerusalems

Die heutige Stadt Jerusalem liegt auf dem Kamm des Gebirges Judas nahe der Wasserscheide des Abfalls nach Osten zum Jordangraben und nach Westen zum Mittelmeer. Während nach Westen sich fruchtbares Hügelland bis zum Mittelmeer hinabzieht, fällt das Gelände nach Osten als Wüste steil in den Jordangraben ab. Auf dem Kamm des Gebirges verlief schon in der Antike eine Straßenverbindung von Hebron im Süden nach Sichem im Norden, die Süd- und Mittelpalästina verband. Eine weitere Straßenverbindung von Jericho und der Jordanfurt bei der heutigen Allenby-Bridge im Osten mit der Mittelmeerküste im Westen kreuzte nahe Jerusalem die Nord-Süd-Verbindung. Doch nicht allein diese Wegekreuzung war Anlass für die Stadtsiedlung Jerusalems, sondern ausschlaggebend für ihre Gründung an genau der Stelle, an der sie noch heute fast vier Jahrtausende nach ihrer Gründung steht, war die Gihon-Quelle am Fuße des SO-Hügels im Kidrontal. Die Siedlungsgeographie der Stadt ist ähnlich wie jene Roms durch die Hügel bestimmt, auf die sich die Stadtsiedlung im Laufe ihrer Geschichte ausdehnte, sowie durch die Täler, die ein Kreuz bilden (Abb. 1). Entstanden ist die Stadt auf dem SO-Hügel, der in drei Himmelsrichtungen durch die angrenzenden Täler Schutz bot. Nach Osten fällt der SO-Hügel, der historische Zionsberg, steil zum Kidrontal mit der Gihon-Quelle ab. Nach Westen bietet das Zentraltal Schutz. Dieses Tal beginnt beim Damaskustor der heutigen Altstadt Jerusalems und folgt in nord-südlicher Richtung parallel zum Kidrontal der heutigen «Talstraße» zum Felsendom auf dem antiken Tempelbezirk. König Herodes der Große (37–4 v. Chr.) ließ

Abb. 1 Blick auf Jerusalem und das Dorf Silwan von Süden. Im Vordergrund (von rechts nach links) Ölberg, Kidrontal, SO-Hügel, Zentraltal, SW-Hügel mit der Dormitio-Abtei, Hinnomtal um den SW-Hügel herum

im 1. Jh. v. Chr. zur Erweiterung des Tempelbezirks das Zentraltal in diesem Bereich aufschütten (Kap. 8). Südlich der Südmauer der heutigen Altstadt Jerusalems ist dann das Zentraltal wieder sichtbar, das allerdings durch den Siedlungsschutt von Jahr-
hunderten seit der Antike an Tiefe eingebüßt hat. Das Zentraltal
vereinigt sich südlich des SO-Hügels mit dem Kidrontal, so dass
der SO-Hügel einen auch nach Süden gesicherten Sporn bildet.
Der SW-Hügel, der Zionsberg genannt wird, ist durch das Zentraltal vom SO-Hügel getrennt und durch das Hinnomtal geschützt, das in nord-südlicher Richtung parallel zu Kidron- und
Zentraltal dem SW-Hügel nach Westen Schutz gibt, ehe es den
Hügel umrundet, nach Osten abbiegt, in den Zusammenfluss
von Kidron- und Zentraltal ausmündet und so dem SW-Hügel
auch nach Süden Schutz gewährt. Nach Norden sind SW- und
SO-Hügel durch das Kreuztal von einem NW- und einem NO-
Hügel Jerusalems getrennt. Dieses Tal folgt der heutigen David-
und Kettenstraße vom Jaffator bis zum Tempelbezirk. Mit herodianischer und muslimischer Erweiterung des Tempelbezirks
wurde es in diesem Bereich zugeschüttet und ist aufgrund hohen
Siedlungsschuttes auch westlich des Tempelbezirks kaum noch
zu erkennen. An der SW-Ecke des heutigen Muristan, an den die
Grabeskirche im Norden angrenzt, liegt die St.-Johannes-Kirche
(Abb. 2), deren aus dem 11. Jh. n. Chr. stammendes Fußbodenniveau zwei Meter unter dem heutigen Straßenniveau liegt. Fünf
Meter unter dem Fußboden der heutigen Kirche liegt das Fußbodenniveau der Krypta, das mit dem Fußbodenniveau der byzantinischen Kirche identisch ist. NW- und NO-Hügel wiederum sind durch das Zentraltal voneinander getrennt und der
NO-Hügel durch das St.-Annen-Tal unterteilt, das vom Herodestor der heutigen Altstadt in süd-östliche Richtung bis zur St.-
Annen-Kirche verläuft, die dem Tal den Namen gab. Als sich in
herodianischer Zeit die Besiedlung Jerusalems über das Kreuztal hinaus nach Norden ausdehnte, fehlte der Stadt im Norden
der natürliche Schutz, wie schon vorherodianisch Kreuztal und
St.-Annen-Tal keine dem Kidron-, Zentral- und Hinnomtal vergleichbare Sicherung boten, so dass die Nordseite stets die
Schwachstelle in der militärischen Sicherung Jerusalems war

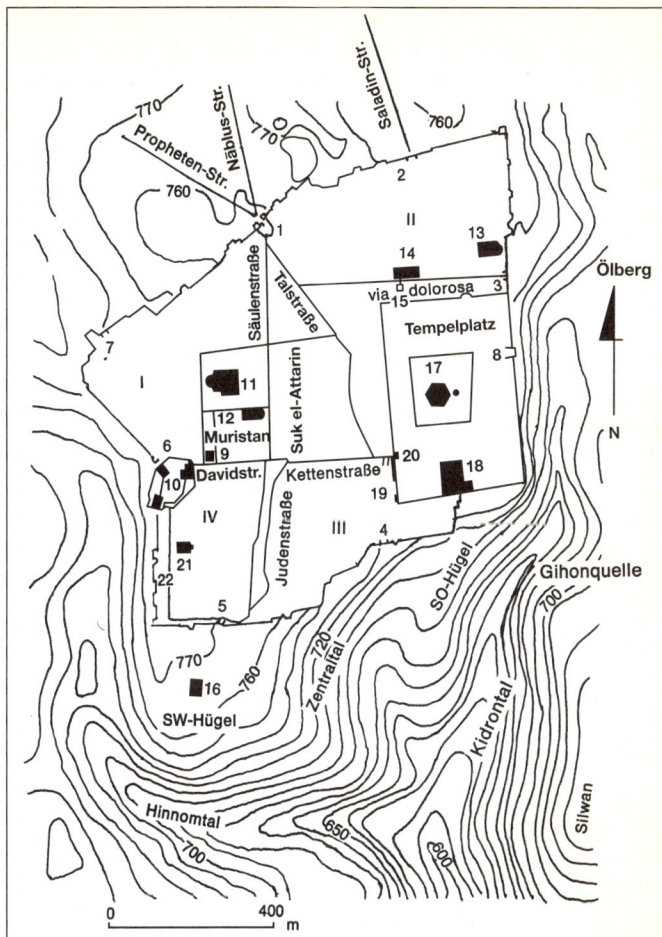

Abb. 2 Die Altstadt des heutigen Jerusalem.
I. Christenviertel, **II.** Moslemviertel, **III.** Judenviertel, **IV.** Armenierviertel.
I. Damaskustor (byzantinisch: Stephanstor), **2.** Herodestor, **3.** Stephanstor, **4.** Misttor, **5.** Zionstor, **6.** Jaffator, **7.** Neues Tor, **8.** Goldenes Tor, **9.** St.-Johannes-Kirche, **10.** Zitadelle, **11.** Grabeskirche, **12.** lutherische Erlöserkirche, **13.** St.-Annen-Kirche, **14.** Konvent der Zionsschwestern, **15.** Ecce-Homo-Bogen, **16.** Dormitio-Abtei der Benediktiner, **17.** Felsendom, **18.** Aksa-Moschee, **19.** Klagemauer, **20.** Wilsons Bogen

und die Stadt auch von den Römern unter Titus im 1. Jh. n. Chr. von Norden eingenommen wurde, obwohl sie dort inzwischen durch drei gestaffelte Mauern gesichert wurde (Kap. 8).

Östlich des Kidrontals überragt die Ölbergkette mit ca. 820 m über dem Meeresspiegel den SO-Hügel, dessen höchster Punkt mit ca. 740 m der vom Felsendom überwölbte Heilige Felsen ist, der ebenfalls vom SW-Hügel mit ca. 770 m übertroffen wird. Dennoch wurde der niedrigste der Hügel aufgrund der Gihon-Quelle im Kidrontal zum Kristallisationspunkt der Stadtgeschichte Jerusalems.

2. Bibel und Archäologie in Jerusalem

Ältere Darstellungen der Geschichte Jerusalems aus dem 19. und 20. Jh. erzählten die einschlägigen Überlieferungen der Bibel nach, die in den Büchern *Richter*, *Samuel*, *Könige* sowie der *Chronik* Zeugnis von der Geschichte der Stadt Jerusalem von der Eroberung durch David im 10. Jh. bis zur hellenistischen Zeit im 3. Jh. zu geben schienen. Die Aufgabe der kritischen Geschichtsschreibung bestand vornehmlich darin, Widersprüche in den Texten der Bibel mit den Mitteln der historischen Kritik auszugleichen. So weiß *Ri* 1,8 im 4. Jh. v. Chr. von einer Eroberung der Stadt Jerusalem durch die Judäer in der vorstaatlichen Zeit der Richter im ausgehenden 2. Jahrtausend. Die Judäer sollen die Bewohner der Stadt mit scharfem Schwert geschlagen und die Stadt in Brand gesetzt haben. Im Gegensatz dazu wird im 5. Jh. in *Jos* 15,63 erzählt, die Judäer hätten die Kanaanäer in der Stadt nicht vertreiben können, was *Ri* 1,21 im 4. Jh. von den Benjaminitern berichtet, so dass die kanaanäischen Einwohner in der Stadt «bis zum heutigen Tag» in der Stadt wohnen geblieben seien. Schließlich wird in literarischem Kontext des 7. Jh. in *2 Sam* 5,6–8 erzählt, erst der Judäer David (ca. 1003–965 v. Chr.) habe die Stadt einnehmen können. Diese Erzählung gibt nicht zu erkennen, dass sie von einer früheren Eroberung und Zerstörung der Stadt und ihrer Bewohner durch die Judäer oder dem Unvermögen der Benjaminiter, die Bewohner der Stadt zu vertreiben, wusste. Die *Chronik* weicht im 3. Jh. wiederum in 1 *Chr* 11,4–7 von der Darstellung der Umstände in 2 *Sam* 5,6–8, wie David die Stadt eingenommen habe, ab. Forschungspositionen, die dem biblischen Zeugnis generell einen hohen Quellenwert zumaßen, versuchten eine komplexe Abfolge einer ersten Eroberung der Stadt durch die Judäer in der Richterzeit des ausgehenden 2. Jahrtausend und einer zweiten Eroberung durch David um die Jahrtausendwende zu rekonstruieren, obwohl die Texte nichts von mehreren Eroberungen zu erkennen geben. Wurde der Quellenwert biblischer Zeugnisse kritisch gewertet, rechnete man mehrheitlich mit nur einer davidischen Eroberung der Stadt, wobei strittig blieb, welcher der unterschiedlichen Schilderungen der Umstände der Einnahme der Stadt Vorzug zu geben sei, oder ob beide Darstellungen der Eroberung fiktiv seien, so dass mit einer friedlichen Ansiedlung Davids in der Stadt zu rechnen sei. Dieses Beispiel verdeutlicht die Probleme, die sich ergeben, wenn man das Zeugnis der Bibel als Geschichtsquelle nutzen will. Die Hebräische Bibel ist ein Traditionstext, der in einer komplexen Literaturgeschichte von einem halben Jahrtausend entstanden ist und in dieser Zeit immer wieder ergänzt und uminterpretiert wurde, da ihn jede Generation auf ihre Gegenwart bezog und damit auch ihre je gewandelten Perspektiven ihres Herkommens aus der Vergangenheit und ihrer Hoffnungen für die Zukunft durch Fortschreibungen und Korrekturen in die Texte eintrug. Die Erzählungen der Bibel waren also von Anfang an nicht Geschichtsschreibung im modernen Sinne, sondern religiöse Traditions- und Tendenztexte, die nicht der Kategorie Geschichte, sondern Geschichtserzählung – nicht «history», sondern «story» – zuzuordnen sind. Die Einsicht in die historische Fragwürdigkeit der biblischen Texte gewann noch neue Nahrung durch die Erkenntnis, dass die Literaturgeschichte der Hebräischen Bibel nicht, wie noch vor wenigen Jahrzehnten angenommen, mit der Wende vom 2. zum 1. Jahrtausend v. Chr. begann, sondern erst im 8./7. Jh. in der Krise Israels und Judas, die durch den unaufhaltsamen Vormarsch des assyrischen Großreichs nach Westen ausgelöst wurde. Zwar gab es schon vor dem 8./7. Jh. einen Schriftgebrauch zu praktischen Zwecken in Gestalt von Listen, Annalen, Empfangsbescheinigungen etc., doch die Notwendigkeit, sich seiner Gegenwart und Vergangenheit mittels literarisch verfasster Werke zu versichern, erwuchs erst in der Zeit der assyrischen Krise seit dem 8. Jh.

Wie aber ist die Lücke in der Geschichtsschreibung Jerusalems, die dadurch, dass die Bibel über weite Strecken als Geschichtsquelle ausfällt, gerissen wurde, zu schließen? Wie jede Darstellung der Geschichte des antiken Israel und Juda ist auch die Stadtgeschichte Jerusalems primär auf außerbiblische Zeugnisse hebräischer, ägyptischer und syrisch-mesopotamischer Quellen zu Juda und Jerusalem angewiesen, die seit dem 19. Jh. durch die Archäologie zugänglich wurden. Die Fundumstände dieser Zeugnisse sind in der Regel bekannt, und die Texte haben keine der Bibel vergleichbare lange Geschichte der Ergänzung und Uminterpretation durchlaufen. Die Bibel kann als historische Quelle dagegen nur dort zur Geltung gebracht werden, wo sie nach historisch-kritischer Analyse der Literaturgeschichte mit außerbiblischen Zeugnissen übereinstimmt. Eine zweite Säule für die Geschichtsschreibung Jerusalems sind die archäologischen Ergebnisse aus fast 150 Jahren kontinuierlicher Ausgrabungstätigkeit in der Stadt (Kap. 3). Die Vernetzung von literarischem Zeugnis und archäologischem Befund ist aber oft prekär, wie auch die anhaltende Diskussion um die Ausgrabungsergebnisse von Troja im Verhältnis zur homerischen Ilias vor Augen führt. Die Ausgrabungsergebnisse sind, das hat eherner Grundsatz zu sein, unabhängig von den literarischen Zeugnissen zu interpretieren und erst dann, wenn die archäologische Deutung abgeschlossen ist, mit dem literarischen Zeugnis zu korrelieren. Ältere Grabungen, die «mit der Bibel in der Hand» interpretiert wurden, sind also ihrerseits durch neuere Grabungsergebnisse, die auf methodisch sicheren Fundamenten stehen, der Kritik zu unterziehen.

Die Loslösung der Jerusalem-Archäologie von den Vorgaben einer auf die Bibel als Quelle gestützten Geschichtsschreibung –

eine notwendige Konsequenz aus der Einsicht, dass die biblischen Zeugnisse nicht Geschichtsschreibung, sondern Erzählungen sind – ist begleitet von neuen Perspektiven des keineswegs einlinigen Erkenntnisfortschritts in der Archäologie Jerusalems, die den Verlust der Bibel als historische Quelle ausgleichen. 1923–25 legten die Archäologen Macalister und Duncan einen Turm auf dem SO-Hügel Jerusalems mit einer angrenzenden Glacismauer aus Steinen frei, die sie aufgrund der Art der Steinmetzarbeit datierten. Der zweiphasige Turm weist in seinem oberen Teil gut bearbeitetes Steinwerk auf, das die Ausgräber der Zeit des Königs Salomo (ca. 965–926 v. Chr.) zuwiesen, von dem die Bibel in 1 *Kön* 5,32 berichtet, er habe sich phönizischer Steinmetzkunst bedient. Der untere Teil des Turmes, der weniger gut bearbeitet ist, musste nach Meinung der Ausgräber älter, also in die Zeit Davids, die Glacismauer aus Feldsteinen noch älter, also kanaanäisch in das 2. Jahrtausend zu datieren sein. Etwa 30 Jahre später begann die Archäologin K. M. Kenyon am Turm zu graben mit dem Ergebnis, dass unter der Glacismauer ein Wohnhaus des 7. Jh. freigelegt wurde (Abb. 3 und 16). Sie datierte also den Turm in das 2. Jh. und die Glacismauer noch später. Die Ausgrabungen des israelischen Archäologen Y. Shiloh in den achtziger Jahren des letzten Jahrhunderts zeigten zum Erstaunen vieler, dass die von Macalister freigelegte Glacismauer nur der obere Teil einer als Substruktion einer großen Festung oder eines Palastes dienenden gestuften Steinkonstruktion ist, in die die Wohnhäuser der judäischen Königszeit sekundär hineinverankert wurden, so dass die Substruktion älter sein musste (Abb. 4 und 16). Im 2. Jh. wurde dann der obere Teil dieser Substruktion für die Stadtbefestigung genutzt, in die auch der von Macalister ausgegrabene Turm eingesetzt wurde. Die relative Chronologie dieser Architekturelemente ist kaum umstritten, schwieriger aber wird es nach wie vor, wenn es um die absolute Chronologie geht. Ein Kriterium zur Architekturdatierung ist die zeitliche Einordnung der mit der Architektur in den Fundschichten verbundenen Keramik, doch ist die Keramikchronologie und damit die Datierung von Bauelementen in der Palästina-Archäologie gegenwärtig heftig

Abb. 3 Ausgrabungen von Macalister mit Turm und Glacismauer (1),
von Kenyon mit Wohnhaus (2) und der Beginn der Grabung
von Shiloh (3)

umstritten. In einer Tendenz zur Spätdatierung («low chronology») wird die bislang in das 10. Jh. Davids und Salomos datierte Architektur dem 9. Jh. der Omri-Dynastie zugeschrieben, so dass gegenwärtig strittig ist, ob die Substruktion im 10. oder erst im 9. Jh. gebaut wurde. Die Schwierigkeit liegt darin, dass beide Chronologien an biblische Überlieferungen rückgebunden sind und auch die Vertreter der «low chronology» ihre Datierung der Architektur der Omri-Zeit in Samaria und Jesreel auf die Bibel stützen.

Doch auch dann, wenn der Forscher sich von der Bibel als Quelle der Geschichtsschreibung lösen und sich auf außerbiblische Quellen stützen will, tun sich Probleme auf. Die Ausgrabungen in Jerusalem haben eine stark besiedelte und befestigte Stadt des 18.–16. Jh. freilegen können und wiederum eine große Stadt mit Stadtmauern des 8.–6. Jh. Für den dazwischen liegenden Zeitraum von fast eintausend Jahren fehlen bis auf die gestufte Steinkonstruktion der Substruktion einer Festung

Abb. 4 Die gestufte Steinkonstruktion
mit sekundär eingesenkten Wohnhäusern

oder eines Palastes eindeutige archäologische Zeugnisse einer befestigten Stadtsiedlung, obwohl sechs Briefe der in Ägypten gefundenen Amarna-Korrespondenz (Kap. 4), die in Jerusalem im 14. Jh. verfasst wurden, eine Stadt Jerusalem mit König und Palast vor Augen führen, für die ein archäologisches Zeugnis fehlt. Literarische Zeugnisse zur Geschichte Jerusalems und Ergebnisse der Archäologie sind nicht nur dann schwierig zu koordinieren, wenn es um das Zeugnis der Bibel geht, sondern auch um außerbiblische Zeugnisse wie die Amarnabriefe. Sollte Jerusalem in der zweiten Hälfte des 2. Jahrtausends also gar nicht dort zu suchen sein, wo es in der ersten Hälfte des 2. Jahrtausends und im 1. Jahrtausend lag? Ist es etwa unter dem Platz des moslemischen Felsendoms verborgen, wo nicht gegraben werden darf, oder gar weit außerhalb des heutigen Stadtgebiets gelegen, und also noch nicht gefunden? Einer der Gründe für unser auch lückenhaftes Wissen, das uns die Archäologie zur Verfügung stellt, ist die spezifische Geländeformation Jerusa-

lems. Die Besiedlung der Stadt hat ihren historischen Ausgangspunkt auf einem an den Seiten steil abfallenden Gebirgssporn
genommen, was jeden zwang, der dort bauen wollte, die Fundamente auf dem natürlich gewachsenen Felsen zu verankern und
also durch ältere Siedlungsschichten durchzustoßen und sie so
zu stören oder gar zu vernichten. Die Geschichte von 150 Jahren Ausgrabungen in Jerusalem bezeugt die Schwierigkeiten, die
das bebaute hügelige Gelände der Stadt den antiken Baumeis-
tern bereitete.

3. Die Geschichte der Ausgrabungen in Jerusalem in den letzten 150 Jahren

Die religionspolitische Bedeutung Jerusalems für die drei großen monotheistischen Weltreligionen – Judentum, Christentum
und Islam – ließ, allen Schwierigkeiten der Arbeit im bebau-
ten Stadtgebiet zum Trotz, die Stadt zu einem Magnet archäo-
logischer Aktivitäten seit dem Beginn der Palästina-Archäologie im 19. Jh. werden. Am Anfang der Ausgrabungsgeschichte
mischten sich Hoffnungen auf legendäre Schätze Salomos mit
dem Wunsch, archäologische Bestätigung für die historische
Zuverlässigkeit der Bibel zu finden. Die frühe Jerusalem-Archäologie profitierte aber auch davon, dass die Briten Palästina aufgrund seiner militärisch-strategischen Bedeutung als Landbrücke zwischen Asien und Afrika im Hinterland des im Bau
befindlichen Suez-Kanals kartographisch vermaßen und dazu
Pionieroffiziere in das türkisch verwaltete Land schickten. Zu
ihnen gehörte der britische Captain *C. Wilson*, der 1864 im
Auftrag des Palestine Exploration Funds nach Jerusalem kam.
Er beschrieb einen noch heute als «Wilsons Bogen» bezeichneten Zugang zum antiken Tempelbezirk (Kap. 8), nachdem der
amerikanische Bibelwissenschaftler *E. Robinson* bereits 1838
einen weiteren Bogenansatz eines westlichen Tempelzugangs,
der noch heute als «Robinsons Bogen» bezeichnet wird, nahe

der Klagemauer entdeckt hatte (Abb. 5). 1867 setzte der britische Leutnant *C. Warren*, mit dem über die Dokumentation historischer Baudenkmäler hinaus die grabende Jerusalem-Archäologie begann, die Arbeit von C. Wilson fort. Warrens Interesse galt dem Platz des Felsendoms, unter dem er den Tempel Salomos vermutete. Da die türkischen Behörden Ausgrabungen auf und in unmittelbarer Nähe des Tempelbezirks mit dem Felsendom als weltweit drittheiligstem Heiligtum der Muslime verboten hatten, bediente sich Warren eines Verfahrens, das er als Pionier zur Unterminierung und Sprengung feindlicher Festungen gelernt hatte, und grub über 20 Meter tiefe Schächte an der Außenmauer des Haram, um von dort unterirdisch auf die Umfassungsmauer vorzustoßen in der Hoffnung, Fundamente aus der Zeit des Königs Salomo zu finden (Abb. 6). Er entdeckte dabei eine Stadtmauer, die sich von der SO-Ecke des Tempel-

Abb. 5 Robinsons Bogen
während der Aus-
grabungen von B. Mazar

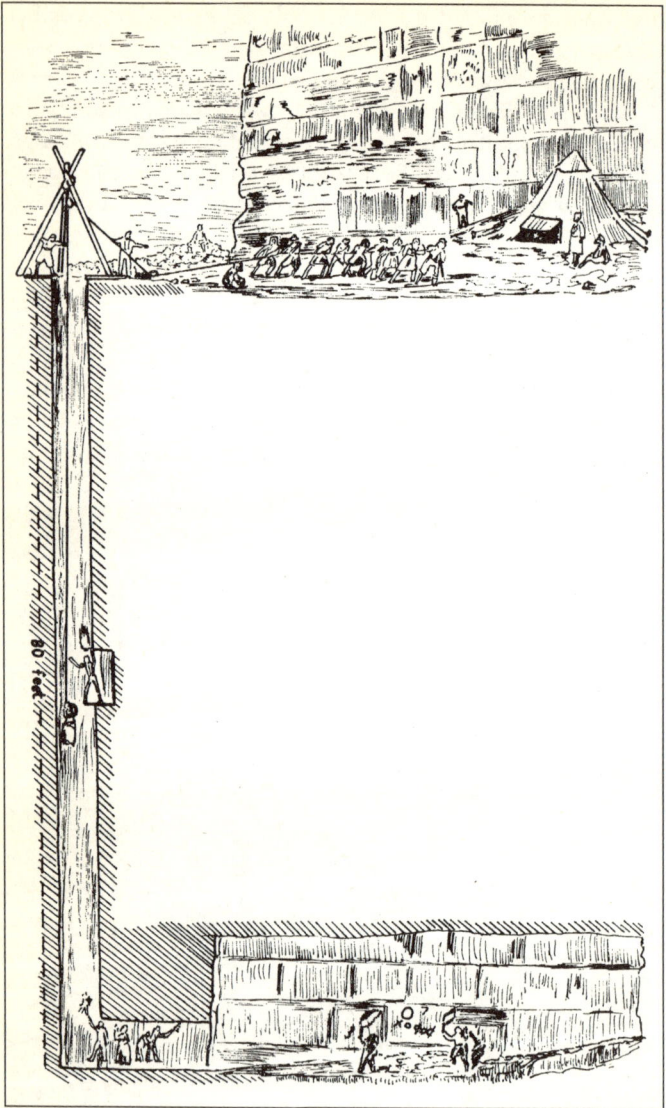

Abb. 6 Warrens Skizze eines Schachtes an der SO-Ecke des Tempelplatzes

bezirks nach Süden auf den SO-Hügel zog, auf dem er auch einen in den Felsen geschlagenen Schacht bestieg, den er als unterirdischen Zugang von der Stadt zur Gihon-Quelle interpretierte und der bis heute als «Warrens Schacht» bezeichnet wird (Abb. 10). C. Warren schloss aus diesen Beobachtungen, dass die Stadt Davids nicht, wie bis dahin meist angenommen, auf dem SW-Hügel, sondern dem unscheinbaren Sporn des SO-Hügels zu suchen ist. Diese Erkenntnis wurde für das Verständnis der Stadtgeschichte des antiken Jerusalems einschneidend und lenkte weitere archäologische Aktivitäten auf den SO-Hügel. 1881 klärte der deutsche Alttestamentler *H. Guthe* einen Wasserkanal, der von der Gihon-Quelle und Warrens Schacht ausgehend unterirdisch durch den SO-Hügel bis zum Siloa-Teich an seinem Südende lief (Abb. 18) und mit dem König Hiskia (2 *Kön* 20,20) in Verbindung gebracht werden konnte. Bereits E. Robinson hatte den Tunnel in seiner ganzen Länge durchschritten. Eine Bauinschrift dieses Siloa-Tunnels war 1880 von Kindern entdeckt worden (Kap. 6). Damit war die Lokalisierung der Stadt Davids und Salomos sowie ihrer Nachfolger auf den SO-Hügel stabilisiert. Eine größere Ausgrabung des britischen Archäologen *J. Bliss* und seines Architekten *A. C. Dickie* sollte 1894–97 den siedlungsgeschichtlichen Zusammenhang zwischen SW- und SO-Hügel klären. In einer methodisch an C. Warren anknüpfenden unterirdischen Tunnelgrabung folgten sie einer mehrphasigen Stadtmauer, die vom SW-Hügel durch das Zentraltal hindurch bis zum Südsporn des SO-Hügels verlief (Abb. 7). Damit war der weiteren Forschung die Aufgabe gestellt, das historische Verhältnis der Besiedlung von SO- und SW-Hügel zu klären, was endgültig erst 1969–82 gelang, als Grabungen im jüdischen Viertel der Altstadt Jerusalems nach dem Sechstagekrieg aufgenommen werden konnten. 1909–11 grub der britische Captain *M. Parker*, von privaten Geldgebern vor allem aus Amerika finanziert, im Bereich der Gihon-Quelle mit dem Ziel, den Schatz Salomos, der dort in den zerklüfteten Felsen nahe der Quelle verborgen sein sollte, zu finden. Als er dort nicht fündig wurde und begann, heimlich auf dem Platz des Felsendoms zu graben, musste er, von den

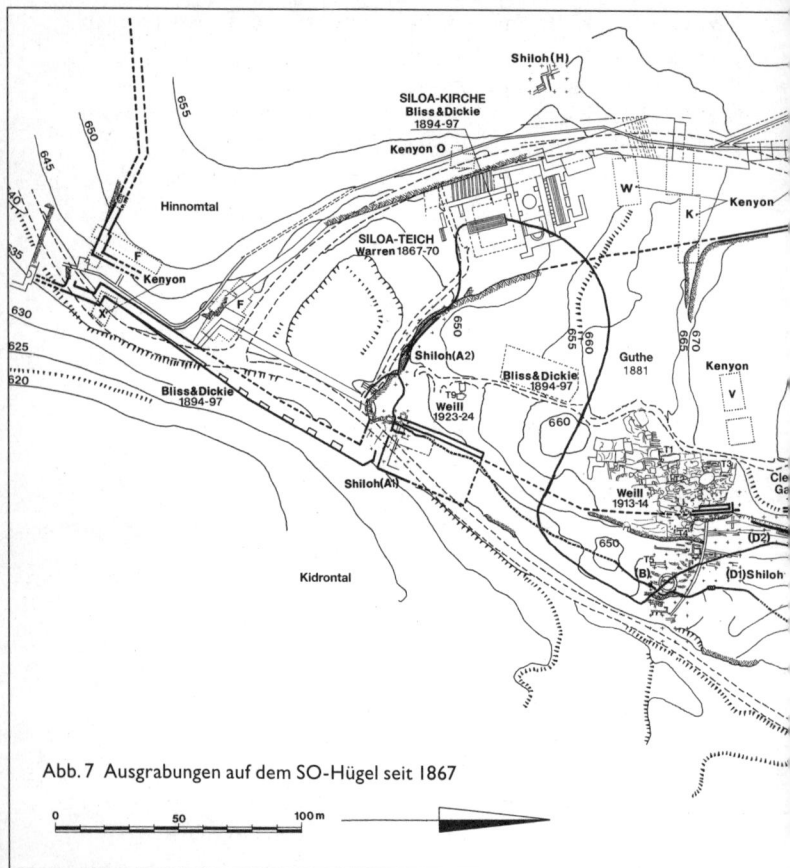

Abb. 7 Ausgrabungen auf dem SO-Hügel seit 1867

türkischen Behörden verfolgt, eilends aus dem Lande fliehen.
Die Ergebnisse seiner archäologischen Sondierungen im Kid-
rontal wären verloren gewesen, wenn nicht der französische
Dominikaner *Père H. Vincent* in Ermangelung einer eigenen
türkischen Grabungslizenz die archäologische Beratung der
Parker-Expedition übernommen und die Ergebnisse, darunter
Keramik des 3. und 2. Jahrtausends, veröffentlicht hätte. Damit
war der Nachweis geführt, dass bereits das vorbiblische Jerusa-

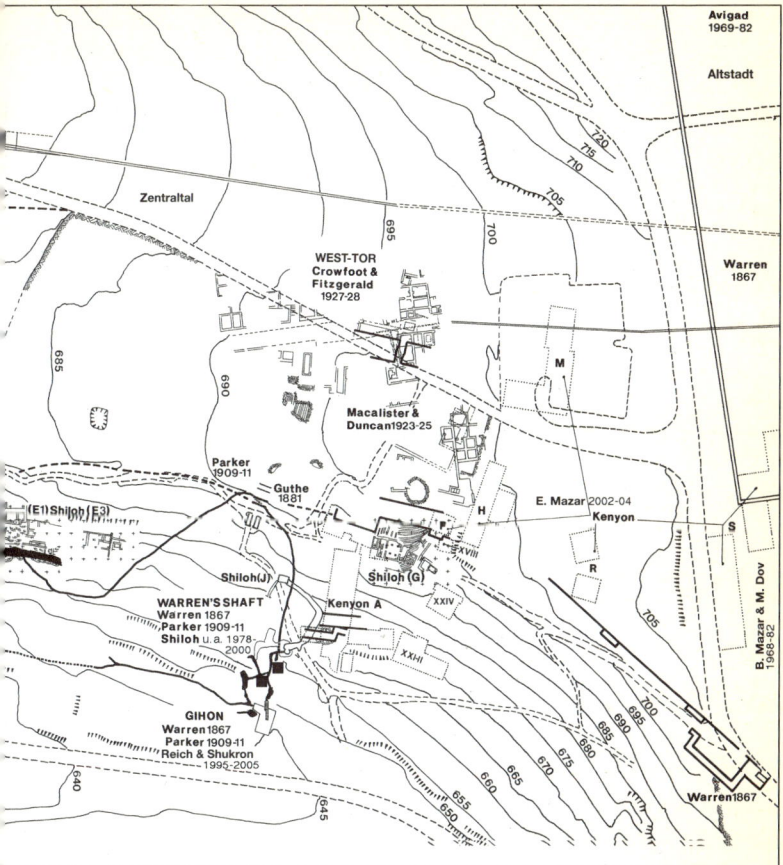

lem auf dem SO-Hügel gelegen hatte und hier der Ursprung der
Stadtgeschichte zu suchen ist.

Die Königsbücher der Hebräischen Bibel wussten von Be-
gräbnissen der Könige in der Stadt, was zur Suche nach ihren
Gräbern auf dem SO-Hügel Anlass gab. Nach vergeblichen
Versuchen von J. Bliss konnte *R. Weill* in den vom französi-
schen Bankier Rothschild finanzierten Kampagnen 1913/14
und 1923/24 zwei in den Felsen geschlagene Röhren freilegen

(Abb. 21), die Weill als Königsgräber der judäischen Könige interpretierte (Kap. 6). Auch wurden Stadtmauerfragmente und Terrassierungen sowie ein weiterer Wasserkanal von der Gihon-Quelle durch das Kidrontal zu einem Wasserbecken am Südsporn des SO-Hügels freigelegt.

Unter der britischen Mandatsregierung, die nach dem Ersten Weltkrieg die Verwaltung der Türken in Palästina ablöste, nahmen die britischen Ausgrabungsaktivitäten in der Stadt noch zu. Von den britischen Archäologen *R. A. S. Macalister* und *J. G. Duncan* wurde 1923–25 oberhalb der Gihon-Quelle ein Turm, den sie mit Salomo in Verbindung brachten, und eine angrenzende vorbiblisch in die zweite Hälfte des 2. Jahrtausends datierte Glacismauer freigelegt (Kap. 2) und damit eine Befestigung, die an eine von R. Weill freigelegte anschloss (Abb. 7), so dass die Linienführung der östlichen Stadtmauer des vorbiblischen und biblischen Jerusalems des 2. und 1. Jahrtausends geklärt zu sein schien. 1927/28 legte eine britische Expedition unter *J. Crowfoot* und *G. W. Fitzgerald* auf dem westlichen Bergrücken des SO-Hügels eine Toranlage frei, durch die auch die Linienführung der westlichen Befestigung auf dem SO-Hügel markiert zu sein schien, was allerdings bedeutet hätte, da die beiden Befestigungslinien nahe zusammen liegen, dass die judäische Stadtsiedlung äußerst klein gewesen sein musste, was nicht zu den biblischen Berichten vom davidischen und vor allem salomonischen Jerusalem als Zentrum eines Großreiches passen wollte. Heute wissen wir, dass in diesen Grabungen der zwanziger Jahre des letzten Jahrhunderts nicht die Stadtmauern der vor- und frühbiblischen Zeit des 10.–6. Jh., sondern des 2. Jh. erfasst worden sind (Kap. 7).

Während der Ausgrabungen von Macalister und Crowfoot wurden nach Zufallsfunden bei Straßenbauarbeiten ca. 500 m nördlich des heutigen Damaskustores der Jerusalemer Altstadt von den Archäologen der neu gegründeten «Zionistischen Universität», der späteren Hebräischen Universität in Jerusalem, *L. A. Mayer* und *E. L. Sukenik*, Teile einer Befestigungsmauer freigelegt (Abb. 28), die bereits im 19. Jh. E. Robinson weiter westlich nachweisen konnte und mit der «dritten» Nordmauer

Jerusalems aus der Zeit des Herodes Agrippa I. (41–44 n. Chr.) identifizierte (Kap. 8).

Nach mehr als einem halben Jahrhundert der Ausgrabungen in Jerusalem trat Ernüchterung ein. Man hatte Funde gerade aus der Zeit Davids und Salomos, aber auch des Königs Herodes erwartet, die denen der großen orientalischen Metropolen in Mesopotamien und Ägypten vergleichbar wären, doch wenig davon war ans Licht gekommen. Auch aufgrund der finanziellen Engpässe durch die Weltwirtschaftskrise beschränkten sich die Ausgrabungen fortan auf kleine Sondierungen der britischen Antikenverwaltung.

Einen entscheidenden Aufschwung nahm die Jerusalem-Archäologie erst wieder in den sechziger und siebziger Jahren des letzten Jahrhunderts zunächst durch die britischen Ausgrabungen von K. M. Kenyon 1961–67 und den seit der israelischen Einnahme der Altstadt 1967 im Sechstagekrieg zahlreichen Ausgrabungen israelischer Archaologen in der Stadt. *Dame K. M. Kenyon* knüpfte an die Grabungen von R. A. S. Macalister auf dem SO-Hügel an. Als sich zeigte, dass unter der von Macalister als vorisraelitisch datierten Glacismauer ein Haus der biblischen Königszeit lag (Kap. 1), wurde klar, dass die Befestigungen des vorbiblischen Jerusalems weiter östlich auf dem Abhang des SO-Hügels zu suchen waren. Durch einen Schnitt, den K. M. Kenyon zwischen Macalister-Turm und Gihon-Quelle anlegte (Abb. 8), konnte sie den Verlauf der Stadtmauer der ältesten Stadt Jerusalem im 18.–16. Jh. (Kap. 4) sowie der Stadt in judäischer Zeit im 8.–6. Jh. bis zur Zerstörung durch die Babylonier 587/86 (Kap. 6) lokalisieren und damit sowie mit der Freilegung eines Terrassensystems der Siedlungsgeschichte Jerusalems auf dem SO-Hügel eine bis heute gültige Gestalt geben, die durch die Grabungen des israelischen Archäologen Y. Shiloh weiter differenziert werden konnten. Er konnte aufgrund gewandelter politischer Verhältnisse in Jerusalem nach dem Sechstagekrieg die Grabungsfläche auf ein Vielfaches der von K. M. Kenyon ausdehnen (Abb. 7) und so genauere Einblicke in die Funktion der Terrassen und der mit ihnen verbundenen gestuften Steinkonstruktion, die Macalister für eine

Abb. 8 Kenyons Schnitt mit Macalister-Turm

Stadtmauer hielt, die Stadtbefestigungen auf der Ostseite des SO-Hügels und ihr Verhältnis zur Gihon-Quelle sowie die Wasserversorgung der Stadt gewinnen. 1995–2002 wurden schließlich von *R. Reich* und *E. Shukron* erneut Grabungen am Fuße des SO-Hügels insbesondere im Bereich der Gihon-Quelle durchgeführt mit dem Ergebnis, dass bereits im 18.–16. Jh. an der Gihon-Quelle ein komplexes System massiver Befestigungen zur Sicherung der Wasserversorgung der Stadt auch in Zeiten der Belagerung angelegt worden war (Kap. 4).

Ein weiterer Schwerpunkt der israelischen Ausgrabungen nach der Wiedervereinigung Jerusalems waren die Grabungen von *B. Mazar* und *M. Ben-Dov* 1968–82 an der SW- und S-Umfassungsmauer des Tempelbezirks. Die Ausgrabungen in Jerusalem begannen 1868 mit den Tunnelgrabungen von *C. Warren* am Tempelplatz. Einhundert Jahre später war der Zeitpunkt gekommen, größere Areale unmittelbar am Tempelbezirk zu öffnen. Abschnitte der Umfassungsmauer des Tempelbezirks aus dem 1. Jh., die auf der Westseite bis dahin nur in geringer Höhe als jüdische «Klagemauer» sichtbar anstanden, konnten freigelegt, das Problem der Tempelzugänge gelöst (Kap. 8) und Architektur des 8. Jh. südlich des Tempelbezirks freigelegt werden. *E. Mazar* hat 2002–2004 südlich des Tempelbezirks Sondierungen durchgeführt auf der Suche nach den Fundamenten eines Davidspalastes (Kap. 5).

Von 1969–82 grub der israelische Archäologe *N. Avigad* im Jüdischen Viertel der heutigen Altstadt und konnte die Siedlungsstratigraphie sowie die Befestigung auf dem SW-Hügel soweit sichern, dass nunmehr klar ist, dass der SW-Hügel im 8.–6. Jh. (Kap. 6) und dann wieder seit dem 2. Jh. vom SO-Hügel aus besiedelt und befestigt wurde (Kap. 7). Die Grabungen von *M. Broshi* im armenischen «Kaiphas-Haus» südlich des Ziontores der Altstadt und 1971 im Armenischen Garten sowie von *R. Amiran* und *A. Eitan* 1968/69 in der Zitadelle haben Avigads Ergebnisse bestätigt (Kap. 6–8).

4. Die Entwicklung Jerusalems vom Hirtencamp zur Stadtsiedlung im 4.–2. Jahrtausend v. Chr.

Erste Spuren einer Besiedlung im Gebiet des späteren Jerusalem gehen auf das 4. Jahrtausend zurück und konzentrieren sich auf die Gihon-Quelle im Kidrontal. In den Ausgrabungen von K. M. Kenyon und Y. Shiloh wurden Keramikscherben des Chalkolithikums («Kupfersteinzeit») des 4. Jahrtausends gefunden, ohne dass sich bislang Architektur aus dem Chalkolithikum nachweisen ließ. Das stützt die Vermutung, dass zu dieser Zeit die Gihon-Quelle ein Anziehungspunkt für Hirten war, ohne dass Genaueres darüber auszusagen ist, ob sie permanent oder nur sporadisch im Kidrontal in Hütten, Zelten oder Höhlen an der Quelle siedelten. Dieses noch recht vage Bild von der frühesten Siedlungsgeschichte im Raum von Jerusalem änderte sich mit der Frühbronzezeit im Übergang vom 4. zum 3. Jahrtausend. Bereits durch die Ausgrabung von M. Parker wurden einige vollständig erhaltene Gefäße der Frühbronzezeit gefunden, die als Grabbeigaben dienten. Y. Shiloh legte auf dem Ostabhang des SO-Hügels einige Fragmente von Hausfundamenten der beginnenden Frühbronzezeit frei. In dieser Zeit entstand eine kleine dörfliche Siedlung an der Gihon-Quelle. Während sich aber in der folgenden Frühbronzezeit in Palästina eine erste städtische Siedlungskultur mit zahlreichen Stadtgründungen entwickelte, wurde die kleine Dorfsiedlung am SO-Hügel wieder aufgegeben, ohne dass die Gründe für den Siedlungsabbruch bislang zu benennen sind. Siedlungsspuren sind erst wieder für das ausgehende 3. Jahrtausend der Zwischenzeit zwischen Früh- und Mittelbronzezeit in Gestalt von Keramikfunden aus Gräbern auf dem Ölberg und dem Silwan-Berg ohne dazugehörige Architektur belegt, was dem allgemeinen Bild dieser Epoche in Palästina entspricht. Die Überbeanspruchung der dörflich-bäuerlichen Peripherie der frühbronzezeitlichen Städte hat zum Niedergang der Stadtstaatenkultur in Palästina mit zahlreichen Stadtzerstörungen im Übergang vom 3. zum 2. Jahrtausend geführt, was einen großen nichtsesshaften Bevölkerungsanteil hervorbrachte, aus dem auch diejenigen gestammt haben werden, die sich im Raum Jerusalem niederließen, ohne aber Architektur zu hinterlassen. In der ersten Hälfte des 2. Jahrtausends, der Mittelbronzezeit, lebte die städtische Kultur in Palästina wieder auf. Zu dieser Zeit gewannen Mesopotamien mit der altbabylonischen Hammurapi-Dynastie (19.–16. Jh.) und Ägypten des Mittleren Reiches an Ausstrahlungskraft, was den internationalen Handelswegen über Palästina als Landbrücke zwischen Mesopotamien, Syrien und Ägypten zugute kam. Zwar profitierten davon in Palästina vor allem die großen Stadtstaaten in der Küstenebene, der Jesreel-Ebene und Galiläas, durch deren Gebiet die internationalen Handelswege führten, doch nahm die Siedlungskultur in diesem Raum einen derartigen Aufschwung, dass nun auch das abseits liegende mittelpalästinische Gebirge mit den Stadtgründungen von Sichem im Norden und Jerusalem im Süden profitierte.

Die Bibel und die ägyptische Amarna-Korrespondenz bezeugen übereinstimmend, dass das vorbiblische Jerusalem eine befestigte Stadtsiedlung war. K. M. Kenyon stieß am Ostende ihres Schnittes oberhalb der Gihon-Quelle auf ein zwölf Meter langes Stück einer Stadtmauer von ca. 2,5 m Stärke aus großen Feldsteinen (Abb. 9), die Y. Shiloh später auf knapp 30 m Länge weiter verfolgen konnte. Die Fundamentierung dieser Zyklopenmauer ist aufgrund der Keramik in ihrem Fundamentierungsgraben in das 18. Jh. zu datieren, und sie wurde nach ihrer Errichtung noch auf der Innenseite verstärkt. Die Zyklopenmauer war teilweise unmittelbar auf dem Felsen fundamentiert und durchstieß frühbronzezeitliche Hausfragmente. Kristallisationspunkt für die Stadtgründung Jerusalems war also der SO-Hügel aufgrund der Nähe zur Gihon-Quelle und der idealen Spornlage, die nach drei Seiten Schutz bot. Die östliche Stadtmauer auf dem SO-Hügel wurde auf halber Höhe zwischen Kamm und Talsohle errichtet. Entscheidend für diese Mauerführung war die Lage der Gihon-Quelle am Fuße des SO-Hügels im Kidrontal. Für die Stadt war die Quelle lebenswichtig, konnte sie doch nur so lange einer Belagerung standhalten, wie die Wasservor-

Abb. 9 Die erste Stadtmauer Jerusalems aus dem 18. Jh.

räte reichten. Der Einschluss der Quelle in die Stadtbefestigung
hätte aber bedeutet, auf den Schutz durch das Kidrontal zu ver-
zichten. Eine Stadtmauer auf dem Kamm des SO-Hügels hätte
den Weg zur Quelle verlängert und die Quelle ohne Schutz dem
Feind überlassen, so dass man mit der Befestigung so weit den
Hügel hinaufging, dass es noch möglich war, einen unterirdischen Zugang zur Quelle durch den Felsen zu schlagen, der es
ermöglichte, auch während einer Belagerung über das Wasser
der Quelle zu verfügen. In zeitnahem Horizont mit der Errichtung der Zyklopenmauer im 18. Jh. wurde bei der Gihon-Quelle
ein Brunnen in den Felsen geschlagen, der durch einen Turm aus
Zyklopensteinen gesichert und unterirdisch durch einen Kanal
mit der Stadt innerhalb der Stadtmauer verbunden wurde
(Abb. 10). Die Quelle wurde ihrerseits durch einen Turm gesichert und durch einen mit großen Steinen überdeckten Kanal
mit der Brunnenanlage verbunden. In friedlichen Zeiten führte
ein teilweise offener Siloa-Kanal durch das Kidrontal in ein
Wasserbecken am Südende des SO-Hügels, den unteren Siloa-
Teich (Abb. 18). Eine Grabanlage des 18.–17. Jh. nur wenig
nördlich der Zyklopenmauer zeigt, dass das Jerusalem dieser

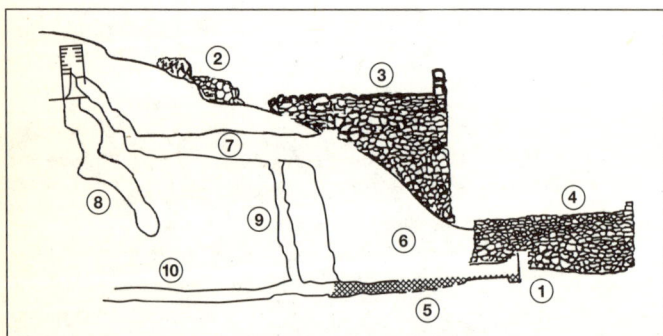

Abb. 10 Das Wassersystem auf dem SO-Hügel mit Gihon-Quelle (1),
Stadtmauer aus dem 18. Jh. mit Verstärkung aus dem 8. Jh. (2), Beckenturm (3),
Quellturm (4), Verbindungskanal (5), Becken (6) mit unterirdischem Zugang
aus dem 18.–17. Jh. (7), Versuchsstollen (8), Karstschacht (Warrens Schacht),
der im 9.–8. Jh. genutzt wurde (9), Hiskia-Tunnel des 8. Jh. (10)

Zeit sich kaum weiter nach Norden erstreckt hat, während die Westbefestigung knapp unterhalb des Kamms etwa auf der Höhe des in der Grabung von Crowfoot freigelegten Tores, das Teil der hellenistischen Westbefestigung Jerusalems war, verlief, wie Grabungen von K. M. Kenyon westlich dieser Linie ergaben (Abb. 7). Mit einer Siedlungsgröße von ca. vier Hektar fanden maximal bis zu 2000 Menschen Raum in dieser Stadt, was auch der Kapazität der Gihon-Quelle entspricht. Doch ist aufgrund der schwierigen Bebauung der Hanglage mit einer eher geringeren Einwohnerzahl zu rechnen. Von der innerstädtischen Architektur aus dieser Zeit sind, wie angesichts der zahlreichen Überbauungen in drei Jahrtausenden und der starken Hanglage auch nicht anders zu erwarten, nur noch geringe Spuren erhalten.

Als Jerusalem gegründet wurde, machte Ägypten seine Vormachtstellung über Palästina, insbesondere die dortigen Handelswege, geltend. In diese Zeit der Stadtgründung fällt auch die erste literarische Belegung Jerusalems in den ägyptischen Ächtungstexten. Namen von Orten, die magisch verflucht werden sollten, wurden auf Tongefäße und Tonfigurinen geschrieben, die unter Aussprechen eines Fluches zerschlagen wurden. Unter den genannten Ortschaften ist auch Jerusalem als Ruschalimum *(rušlmm)* aufgeführt, was mit «Berghöhe des (Gottes) Schalim» wiederzugeben ist. An der Kreuzung von Handelswegen der Nord-Süd- und Ost-West-Straßen über das mittelpalästinische Gebirge gelegen hatte Jerusalem bald nach seiner Gründung als Stadt eine Bedeutung erlangt, die seinen Namen bis nach Ägypten trug, obwohl das Stadtgebiet und die Einwohnerzahlen im Vergleich zu den großen Stadtsiedlungen in den Ebenen wie Megiddo oder auch Hazor in Galiläa bescheiden waren.

Die Umbrüche in der Geschichte Ägyptens hatten jeweils tiefgreifende Auswirkungen auf Palästina. Der Einfall der Hyksos («Herrscher der Fremdländer») aus Syrien und Palästina in Ägypten im ausgehenden 18. Jh. beendete das Mittlere Reich. Mit den Hyksos kam die Idee der Weltherrschaft und die Kriegstechnik des Streitwagens, der dieser aus Mesopotamien stammenden Idee einer Herrschaft über den gesamten fruchtbaren Halbmond von Mesopotamien bis Ägypten eine Realisierungsmöglichkeit verlieh. Von nun an wurden die Versuche der politischen Umsetzung dieser Idee von Norden, d. h. von Syrien, Mesopotamien oder Kleinasien aus, oder von Süden, d. h. von Ägypten aus, zur entscheidenden Triebfeder in der Geschichte des Alten Orients, bis mit Alexander dem Großen im 4. Jh. ein neuer Schub der Verwirklichung dieser Idee von Westen her der Geschichte des Alten Orients eine neue Dynamik verlieh. Nachdem sich Ägypten um die Mitte des 16. Jh. von der Fremdherrschaft der Hyksos befreien konnte, vollzog es den Schritt in eine imperial-offensive Politik. In mehreren Feldzügen festigten die Könige der 18. ägyptischen Dynastie (ca. 1527–1306 v. Chr.) ihre Herrschaft über Palästina als Aufmarschgebiet gegen Syrien, Mesopotamien und Kleinasien. Der ägyptische König Tutmoses I. (1506–1494 v. Chr.) stieß mit seinem Heer bis an den Euphrat vor und eroberte auf diesem Feldzug zahlreiche befestigte Städte Palästinas, unter ihnen Sichem auf dem mittelpalästinischen Gebirge. Die Stadtstaatenkultur in Palästina brach mit der Eroberung Palästinas durch die Ägypter ab; ein Teil der städtischen Bevölkerung verlor mit der Zerstörung der Städte durch die Ägypter ihren Wohnsitz und musste sich außerhalb der zerstörten Städte unstet lebend durchschlagen. Dieser durch die ägyptische Eroberungspolitik verarmte Bevölkerungsteil außerhalb der Städte, die Hapiru, wurden zu einem Unruhe stiftenden Faktor in der Geschichte Palästinas in der zweiten Hälfte des 2. Jahrtausends, das nun unter direkte ägyptische Herrschaft geriet. Zwar versuchten die Fürsten palästinischer Stadtstaaten wiederholt, das ägyptische Joch abzuschütteln, doch folgte die ägyptische Reaktion stets prompt. Die Ägypter unterhielten im Lande zwar Garnisonen in ihren Verwaltungszentren, so in Gaza im Süden, später auch Bet Sean im Norden, und sie bedienten sich wie noch die europäischen Kolonialmächte des 19. Jh. in Afrika und Asien der gewachsenen Infrastrukturen der Stadtstaatenherrschaften, deren Repräsentanten sie zu ägyptischen Beamten machten. Doch wenn sich diese lokalen Herrscher gegen die ägyptische Herrschaft erhoben, so reagierten die Pharaonen der 18. Dynastie mit dem Einmarsch der ägyptischen Armee in Palästina. Tutmoses III. (1490–1436 v. Chr.)

führte bis 1448 v. Chr. fast alljährlich Krieg in Palästina und Syrien, besiegte 1468 v. Chr. eine syrisch-kanaanäische Koalition in der Jesreel-Ebene bei Megiddo, eroberte Kadesch am Orontes, überquerte den Euphrat und errichtete eine Reihe von Marinestützpunkten an der palästinischen Küste. Widerlager des ägyptischen Großmachtstrebens der 18. Dynastie war das indoarisch-hurritische Mittanni-Reich, das sein Zentrum in Syrien am oberen Habur hatte und seinerseits nach Westen und Süden drängte und auf die nach Norden expandierenden Ägypter stieß. Um 1448 v. Chr. kam es zu einem vertraglichen Ausgleich zwischen beiden Mächten, der die jeweiligen Einflusssphären festschrieb und Palästina der ägyptischen Herrschaft zuschlug. In der ersten Hälfte des 14. Jh. verlor Ägypten dann aufgrund von Spannungen zwischen der Krone und der politisch einflussreichen Priesterschaft des Reichsgottes Amun in Theben an Einfluss in Palastina. Amenophis IV. Echnaton wollte den Konflikt durch eine Religionsreform lösen, indem er die Amun-Priesterschaft entmachtete zugunsten des monotheistisch konzipierten Kultes des durch die Sonnenscheibe repräsentierten Gottes Aton. Echnaton verlegte die Residenz von Theben in die neu gegründete Residenzstadt Achet Aton («Horizont des [Gottes] Aton»), das heutige Tell el-Amarna, das dieser Epoche die Bezeichnung als Amarna-Zeit verlieh. In den Ruinen dieser Residenz wurde im ausgehenden 19. und frühen 20. Jh. das Tontafelarchiv einer diplomatischen Korrespondenz gefunden, die die Herrscher von Mittanni, Babylonien und der neu aufstrebenden Mächte der Hethiter und Assyrer mit dem ägyptischen Hof führten. Aber auch die syrisch-palästinischen Stadtherrscher sandten Briefe an den ägyptischen Hof, und dieser Teil der Korrespondenz zeigt die Turbulenzen, in die Palästina geriet, nachdem Ägypten seiner Funktion als Ordnungsmacht in diesem Gebiet immer weniger gerecht werden konnte. Die Stadt-Land-Konflikte zwischen den städtischen Zentren und den Hapiru brachen in Palästina zunehmend gewalttätig aus und gefährdeten die Existenz der Stadtstaaten. Hapiru, die seit der Zerstörung des mittelbronzezeitlichen Stadtstaatensystems nicht wieder in die Stadtsiedlungen integriert worden waren, oder auch

Städter der spätbronzezeitlichen Stadtsiedlungen, die sich im Prozess sozialer Differenzierung der Schuldsklaverei entzogen und die Städte verlassen hatten, bildeten nun ein Machtpotenzial, das aufgrund der Schwäche Ägyptens als Ordnungsmacht die Städte bedrohen konnte. Die spätbronzezeitlichen Städte Palästinas wurden nach den Zerstörungen am Ende der Mittelbronzezeit in der Regel nicht neu befestigt, so dass sie entweder wie Lachisch unbefestigt blieben oder alte Befestigungen wie in Hazor und Sichem wieder genutzt wurden, was nicht nur Ausdruck des ökonomischen Niedergangs Palästinas aufgrund ägyptischer Tributforderungen war, sondern auch wohl der Absicht ägyptischer Politik, den Städten die Möglichkeit zur Rebellion zu beschneiden.

Unter den Briefen der Amarna-Korrespondenz finden sich auch sechs Briefe des Königs Abdi-Hepa aus Jerusalem, die ein Schlaglicht auf die Geschichte der Stadt im 14. Jh. werfen. Wie der Name des Jerusalemer Königs Abdi-Hepa («Diener der [Göttin] Hepa») zeigt, gab es in der in der Korrespondenz als *urusalim* («Stadt des [Gottes] S[ch]alim») bezeichneten Stadt eine indoarische Oberschicht, galt doch die Göttin Hepa als Partnerin des in Nordsyrien verehrten hurritischen Wettergottes Teschub. Abdi-Hepa hatte seine Stellung als Stadtherrscher ererbt, war aber auch vom ägyptischen König als Beamter der ägyptischen Verwaltung bestätigt worden:

«Siehe, mich hat weder mein Vater noch meine Mutter an diesem Ort eingesetzt. Die mächtige Hand des (ägyptischen) Königs hat mich in das Haus meines Vaters gebracht» (El-Amarna-Brief [im weiteren: EA] 286: 9–13).

Dass ein Zusammenhang zwischen der Herrschaftsübernahme einer indoarischen Führungsschicht in palästinischen Städten und den indoarischen Hyksos in Ägypten bestand, darf man vermuten. Nun aber, nach dem Ende der Hyksosherrschaft in Ägypten, waren die indoarischen Stadtfürsten Organe der ägyptischen Verwaltung Palästinas geworden, die der Aufsicht ägyptischer Verwaltungsbeamter *(rabisu)* in den ägyptischen Garnisonsstädten wie Gaza unterstanden. Abdi-Hepa zahlte wie die andern Stadtfürsten Tribut an den ägyptischen Hof (EA 288:

20–23 u. ö.). Die Stadt Jerusalem war, so zeigen die Jerusalem-Briefe der Amarna-Korrespondenz, Zentrum eines gleichnamigen Territoriums (EA 287: 25), das im Westen durch die Gebiete der Stadtstaaten von Gezer und Gath, durch Debir im Süden und Bethel im Norden, das wohl unter sichemitischer Herrschaft stand, begrenzt wurde und sowohl in der Nord-Süd- wie in der Ost-West-Erstreckung ca. 30 km maß. Dieses Staatsterritorium Jerusalems war, so zeigt es die neuere Siedlungsarchäologie in diesem Gebiet, in der Spätbronzezeit dünn besiedelt und dürfte Lebensraum für kaum mehr als 2000–3000 Menschen gewesen sein. Jerusalem war durch eine gegen die Stadt gerichtete Koalition der Stadtstaaten von Gezer im Westen und Sichem unter dem König Labaja im Norden in eine prekäre Situation geraten, der Abdi-Hepa durch eine Koalition mit Stadtstaaten wie Hebron, Akko, Megiddo zu begegnen suchte (EA 366). Als der König Schuwardata von Hebron nach Labajas Tod die Front wechselte, wurde die Situation für Abdi-Hepa noch gefährlicher, da Teile seines Territoriums, so die westliche Grenzstadt Keila, verloren gingen. Jerusalem war nun nach Norden, Westen und Süden von seinen Verbindungen abgeschnitten. Selbst die Tributlieferungen an den ägyptischen Hof kamen nicht mehr durch, was Feinde Jerusalems ausnutzten, am Hofe das Gerücht zu lancieren, Jerusalem sei zu den Hapiru, womit diffamierend die antiägyptischen Kräfte gemeint waren, übergegangen, während Abdi-Hepa brieflich bei Hofe klagte, dass er von einer großen Koalition der Städte Gezer, Gaza, Askalon und Lachisch bedroht würde, so dass er um die Entsendung einer ägyptischen Garnison zum Schutze Jerusalems bitten müsse (EA 287: 4–19). Marodierende Deserteure oder Söldner sollen dem König Abdi-Hepa nach dem Leben getrachtet haben (EA 287: 71–75). Ohne ägyptische Ersatztruppen sah er seine Situation in Jerusalem als aussichtslos an und bat schließlich, ihm die Flucht nach Ägypten zu ermöglichen:

«Es sorge der (ägyptische) König für sein Land und achte darauf, dass Bogenschützen in das Land kommen. Wenn nicht noch dieses Jahr Bogenschützen kommen, so gehen alle Länder des Königs, meines Herrn, verloren. Man hat dem König nicht berichtet, dass die Länder des Königs, meines Herrn, und alle Stadtfürsten verloren gehen. Wenn dieses Jahr keine Bogenschützen kommen, möge der König einen (ägyptischen) Verwaltungsbeamten schicken, um mich und meine Brüder zu holen, damit wir in der Nähe des Königs, unseres Herrn, (friedlich) sterben können» (EA 288: 48–61).

Wir wissen nicht, wie es für den König Abdi-Hepa ausgegangen ist, nachdem Teile des Jerusalemer Territoriums verloren gegangen waren und seine Position in der Stadt unhaltbar erschien. Weitere Briefe der Amarna-Korrespondenz aus Jerusalem, die darüber hätten Auskunft geben können, fehlen.

Die Könige der 19. ägyptischen Dynastie der Ramessiden, die mit Ramses I. (1306–1304 v. Chr.) durch einen Militärputsch an die Macht gekommen waren, stabilisierten die Lage im Inneren Ägyptens und nahmen die Expansionspolitik der Pharaonen der 18. Dynastie wieder auf. Das kleinasiatische Reich der Hethiter war nun zum Gegenspieler im Norden geworden und drängte seinerseits nach Osten und Süden. Wieder war Palästina als Aufmarschgebiet von strategischer Bedeutung, und es wurde von den ägyptischen Königen Sethos I. (1304–1290 v. Chr.) und Ramses II. (1290–1224 v. Chr.) erneut unter ägyptische Botmäßigkeit gebracht. Nach der Schlacht zwischen Ramses II. und dem hethitischen König Muwatalli 1285 v. Chr. bei Kadesch am Orontes, die die Entscheidung hätte bringen sollen, aus der aber keine der beiden Seiten als eindeutiger Sieger hervorgegangen war, wurde 1270 v. Chr. ein Friedensvertrag zwischen dem ägyptischen König Ramses II. und dem hethitischen König Murschili III. geschlossen, wobei wiederum die jeweiligen Herrschaftsgebiete, deren Grenze auf der Höhe des heutigen Beirut im Libanon verlief, abgegrenzt wurden, so dass noch einmal die ägyptische Oberhoheit über Palästina international bestätigt wurde. Während in einer Feldzugliste des ägyptischen Königs Merenptah (1224–1204 v. Chr.) erstmals um 1219 v. Chr. eine Sippengemeinschaft, die die Bezeichnung «Israel» trug, auf dem mittelpalästinischen Gebirge erwähnt wird, fehlen für Jerusalem im 13. Jh. literarische, der Amarna-Korrespondenz im 14. Jh. vergleichbare Zeugnisse. Doch zeigt eine jüngst identifizierte ägyptische Stele, die aus einer Ausgrabung des 19. Jh. nördlich der heutigen Altstadt Jerusalems stammt und die ägyptischen Götter Seth und Osiris nennt, zusammen mit einem ägyptischen Opfertisch den kulturhistorischen Einfluss Ägyptens in Jerusalem auch im 13. Jh., der auch durch die Funde mehrerer ägyptischer und ägyptisierender Skarabäen bestätigt wird.

Lange galt in der Forschung die Zeit ägyptischer Oberhoheit über Palästina, die Spätbronzezeit, als ökonomisch und kulturell prosperierende Epoche. Vor allem Quantität und hohe Qualität zyprischer und mykenischer wie auch anderer Importkeramik hat zu diesem Bild beigetragen. Mit der Zunahme der Ausgrabungen wurde aber in vielen Siedlungen ein architekturhistorischer Rückschritt in dieser Epoche erkennbar. Die Oberflächenforschung zeigt einen erheblichen Rückgang der Zahl dörflicher Siedlungen. Die zunehmende Verfeinerung in der Keramik deutet nicht auf grundsätzliche Prosperität, sondern nur auf eine Zunahme der sozialen Differenzierung, die eher ein Zeichen des Niedergangs der Stadtstaatenkultur als Folge der Feldzüge und der Ausbeutung durch die ägyptische Hegemonialmacht ist.

Diese Dynamik der Geschichte Palästinas spiegelt sich auch in der Stadtgeschichte des vorbiblischen Jerusalem wider. In Gräbern außerhalb der Stadt wurde zyprische und mykenische Keramik des 14. Jh. als Grabbeigabe gefunden, die Zeugnis vom Wohlstand einiger landbesitzender Familien bei Jerusalem in dieser Zeit gibt. In den Ausgrabungen von R. A. S. Macalister, K. M. Kenyon und Y. Shiloh wurde derartige Importkeramik des 14.–13. Jh. auch in der Stadt selbst gefunden. Rätsel aber geben die geringen Zeugnisse an spätbronzezeitlicher Architektur auch nach einhundert Jahren intensiver Ausgrabungstätigkeit in der Stadt Jerusalem auf. Das 15. Jh. ist nur durch Gräber außerhalb der Stadt dokumentiert, doch fehlt jegliche Architektur auf dem SO-Hügel, so dass sich die Frage nach einem Siedlungsabbruch stellt. Es gibt aber keine Spuren der Zerstörung der Stadt des 18.–16. Jh., so dass die Frage weder positiv noch negativ zu beantworten ist, da auch in der Jerusalem-Archäologie der Grundsatz gelten muss, dass das Fehlen von Funden nicht automatisch heißt, es habe keine Besiedlung gegeben («ab-

sence of evidence is not evidence of absence»). Für das 14. bis
13. Jh. sind in den Ausgrabungen bescheidene Fragmente von
Hausarchitektur und dazugehörige Begehungsflächen auf dem
SO-Hügel freigelegt worden, die durch die auf den Fußböden
gefundene Keramik eindeutig zu datieren sind. Aber weder eine
Stadtmauer noch Anlagen zur Sicherung der Gihon-Quelle
konnten gefunden werden. Die Dürftigkeit der Funde für die
Amarnazeit des 14. Jh. wurde in den letzten Jahren noch dadurch deutlicher, dass ein umfangreiches Terrassierungssystem
(Abb. 11), das K. M. Kenyon oberhalb der Stadtmauer aus dem
18. Jh. freilegen konnte und in die Amarnazeit datierte, aufgrund neuerer Keramikanalysen etwa einhundert Jahre später
in den Übergang von der Spätbronze- zur Eisenzeit im 13. bis
11. Jh. zu datieren ist. Einhundert Jahre der Ausgrabungen in
Jerusalem haben also, so scheint es, keine spätbronzezeitliche
Stadt, wie sie die Amarna-Korrespondenz und die biblische Erzählung von der Einnahme der Stadt durch David in 2 *Sam* 5
erwarten lassen, zu Tage gefördert. So ist erwogen worden, dass
das vorbiblische Jerusalem der Amarnazeit nicht mit dem Jerusalem der biblischen Zeit identisch und eher in der nördlichen
Levante zu suchen sei. Dem aber widerspricht, dass der sied-
lungsgeographische Kontext, den die Amarnabriefe für Jerusalem zeichnen, keine andere Lokalisierung als die des biblischen
Jerusalem zulässt. Alternativ wurde erwogen, dass mit Jerusalem in den Amarnabriefen nicht eine Stadtsiedlung, sondern ein
Territorium bezeichnet sei, in Jerusalem aber nur das Haus des
Verwalters gestanden habe. Dem aber widerspricht, dass mit
der akkadischen Adaption des hebräischen Ortsnamens Jeru-
Salem («Gründung des [Gottes] Salim») als *urusalim* («Stadt
des [Gottes] Salim») in den Amarnabriefen nur eine Stadtsiedlung gemeint sein kann. Schließlich ist erwogen worden, dass
das Jerusalem dieser Zeit unter dem Tempelbezirk des Felsendomes zu suchen sei und nicht gefunden werden könne, da dort
nicht gegraben werden dürfe. Doch haben die umfangreichen
Ausgrabungen an der westlichen und südlichen Umfassungsmauer des Tempelbezirks keinerlei Hinweise auf eine spätbronzezeitliche Besiedlung des nördlichen SO-Hügels ergeben. So

spitzt sich die Diskussion auf zwei weitere Lösungsversuche zu. Entweder war das vorbiblische Jerusalem der Amarnazeit nur ein kleines Dorf, das aus wenigen Häusern bestand und unbefestigt war, wogegen der akkadische Name spricht, oder aber Jerusalem war eine Stadtsiedlung, die wie zahlreiche andere Städte Palästinas auch im 15.–13. Jh. durch die im 18. Jh. errichtete Stadtbefestigung von Zyklopenmauer und -türmen geschützt wurde. Und tatsächlich hat diese Lösung aus mehreren Gründen die höchste Wahrscheinlichkeit für sich. Die Wiederverwendung mittelbronzezeitlicher Stadtbefestigungen in der Spätbronzezeit war in Palästina nicht unüblich. Die Zyklopenmauer und die Befestigung der Gihon-Quelle aus dem 18.–17. Jh. standen ohne Zerstörungsspuren auch im 14. Jh. Sie sind nicht überbaut worden, was zeigt, dass diese Anlagen weiterhin genutzt wurden. Im Gegenteil wurden sie noch in biblischer Zeit verwendet und verstärkt. Im 13.–11. Jh. wurde am Ostabhang des SO-Hügels ein Terrassierungssystem hochgezogen, das zur Verankerung auch der Zyklopenmauer bedurfte. Stadtmauer und Terrassierungssystem bildeten von da ab ein Architekturensemble. Bis in das 11. Jh. waren alle Siedlungsspuren auf dem SO-Hügel auf den Raum innerhalb der Stadtmauern beschränkt, der erst im 10. Jh. zur Zeit Davids und Salomos in gewandelter politischer Situation überschritten wurde. Sollte die Stadtmauer ihre Funktion verloren haben, wären die Besiedlungen in dieser Zeit eher am Fuße des SO-Hügels in Nähe der Gihon-Quelle zu erwarten. Schließlich spricht nichts dafür, dass man in Jerusalem in unruhiger Zeit, wie sie die Amarna-Korrespondenz vor Augen führt, auf den Schutz der lebenswichtigen Gihon-Quelle durch die Turmanlagen aus Zyklopensteinen verzichtete. Der archäologische Befund zeigt aber, dass Jerusalem im 15.–13. Jh. sich gegenüber der Stadt des 18.–16. Jh. nicht weiterentwickelt hat, die spärlichen spätbronzezeitlichen Funde an Architektur und Keramik vielmehr Hinweis darauf sein können, dass sich die geringe Bevölkerungszahl in der mittelbronzezeitlichen Stadtsiedlung wohl noch verringert hat. Insofern haben die Thesen, die behaupten, dass das spätbronzezeitliche Jerusalem der Amarna-Zeit keine Stadt, sondern nur eine Dorfsiedlung oder gar nur ein Gehöft war, die durchaus zu beobachtende Rückentwicklung der Stadt gegenüber der Mittelbronzezeit nur allzu sehr zugespitzt.

Dieses Bild ändert sich dramatisch im Übergang zur frühen Eisenzeit im 13.–11. Jh. In den Grabungen von K. M. Kenyon und Y. Shiloh wurde am Ostabhang des SO-Hügels ein Terrassierungssystem dieser Zeit freigelegt, das mit zwei Hauptterrassen von über 10 m Höhe eine Substruktion für eine Zitadelle und die Erweiterung der Siedlungsflächen auf dem Bergrücken des SO-Hügels um ca. 200 m² nach Osten schuf (Abb. 11).

Im 13.–12. Jh. brach eine Katastrophe über das gesamte Staatensystem des fruchtbaren Halbmonds des Orients von Mesopotamien, Syrien und Kleinasien bis Ägypten herein, die auch die Zerstörung zahlreicher palästinischer Städte nach sich zog. Nur Jerusalem blieb neben wenigen anderen Städten auf dem

Abb. 11 Terrassen des 13.–11. Jh. über Hausfundamenten des 18.–16. Jh. Auf den Terrassen Häuser des 8.–7. Jh. (Standort der Person). Links im Bild Verstärkungen der Terrassen aus dem 10. Jh. als Substruktion für die Zitadelle

mittelpalästinischen Gebirgszug wie Sichem verschont. Ausgrabungen haben keinerlei Zerstörungsspuren in Jerusalem im Übergang von der Spätbronze- zur Eisenzeit im 13.–12. Jh. gezeigt. Vielmehr wurde in dieser Zeit noch die große Substruktionsanlage in Gestalt des Terrassierungssystems vermutlich auch für eine Zitadelle errichtet. Nicht zuletzt dürfte Jerusalem von der geopolitischen Randlage auf dem Gebirge profitiert haben. Ursache der Katastrophe, die den Alten Orient im 13.–12. Jh. heimsuchte, war eine längere Dürreperiode, die Völkerschaften wie die Seevölker im hellenischen Raum und die Aramäer im Steppengürtel Syriens und Mesopotamiens neue Lebensräume suchen ließ, so dass sie in Syrien, Ägypten und ins Zweistromland einfielen. Hungersnöte, Völkerwanderungen und Unterbrechung der internationalen Handelswege ließen das mykenische, hethitische und assyrische Reich zusammenbrechen. Das ägyptische Reich der Ramessiden wurde durch die Abwehr der Seevölker so geschwächt, dass sie die Herrschaft über Palästina nicht mehr lange aufrechterhalten konnten und Ägypten wie das assyrische Reich auf lange Zeit als Machtfaktor ausschied. Der Zusammenbruch des internationalen Handels traf auch die am Zwischenhandel partizipierenden Städte an den Handelswegen in Palästina schwer. Hungersnöte förderten regionale Konflikte in Palästina, die in noch stärkerem Maße als in der Amarna-Zeit gewalttätig ausgetragen wurden. Die Menschen verließen ihre in Ruinen liegenden Städte, zogen auf das dünn besiedelte mittelpalästinische Gebirge und nahmen es in ihrer Not unter den Pflug, wie es nun auch die Hapiru taten, die sich in der Spätbronzezeit als Reservearmee auf dem Arbeitsmarkt während der Erntezeit und als Söldner verdingen konnten, nun aber diese Einnahmequellen verloren. Auch die Hirten, die, wie es noch die Erzählung des Erzvaters Isaak (*Gen* 26) zeigt, in die Städte zogen, um ihre Produkte aus der Viehzucht gegen agrarische Produkte zu tauschen, fanden nun keine Handelsorte mehr und mussten die zum Leben notwendigen agrarischen Produkte selbst anbauen, also zu Bauern auf dem dünn besiedelten mittelpalästinischen Gebirge werden. Das Ergebnis war eine Fülle neuer früheisenzeitlicher Dorfsiedlungen im 12.–11. Jh. in dieser Gebirgsregion, dem Kernland Israels, das erstmals 1219 v. Chr. auf der Stele des ägyptischen Königs Merenptah inschriftlich belegt ist. Die Menschen des sich konstituierenden Volkes Israel hatten ihre Wurzeln also im vorbiblischen Kanaan, nicht aber im mesopotamischen Ur, in Ägypten oder in der Wüste. Auf den Ursprung Israels im vorbiblischen Palästina weist nicht zuletzt die Kontinuität der materialen Kultur zwischen der Spätbronze- und der frühen Eisenzeit, die die Archäologie dokumentiert. Nur reduzierte sich das Spektrum der Keramik im Übergang zur Eisenzeit im 13.–11. Jh. auf Gebrauchsgegenstände, während die Import-Keramik entfiel und auch die Hausarchitektur schlichter wurde. So war die frühe Eisenzeit mit dem Übergang von der städtischen zu einer agrarisch-dörflichen Kultur auch nur die Endstufe des kontinuierlichen Niedergangs Palästinas in der Spätbronzezeit. Die «Landnahme» Israels war historisch, anders als die Bibel erzählt, nicht mit der Einwanderung eines neuen Bevölkerungselementes in ein verheißenes Land verbunden, sondern bestand in der Änderung der Lebensweise von Städtern, Hapiru und Hirten, die aufgrund der Zerstörung des Stadtstaatensystems in bis dahin nur dünn besiedelten Landstrichen Palästinas auf dem mittelpalästinischen Gebirge als Kernland Israels zu Bauern wurden und in Dörfern siedelten.

5. Davids und Salomos Jerusalem im 10.–9. Jahrhundert v. Chr.

1997 publizierte der israelische Historiker N. Na'aman einen Artikel mit dem Titel «Cow Town or Royal Capital?» (Kuhdorf oder Königliche Hauptstadt?) und benannte mit diesem drastischen Titel die Alternativen, die in der jüngst entbrannten Diskussion um den Charakter Jerusalems nicht nur im 15.–11. Jh., sondern auch im 10. Jh. zur Zeit Davids und Salomos vertreten werden. Doch stellen wir zunächst die Stadtgeschichte Jerusa-

lems unter David und Salomo wieder in einen weiteren historischen Kontext.

Die Wurzeln Israels, so sahen wir, liegen in Kanaan in der
Mitte der dem Verfall geweihten Stadtstaatenkultur der Spätbronzezeit. Es dauerte ca. zwei Jahrhunderte, bis nach der Katastrophe des bronzezeitlichen Stadtstaatensystems wieder
«Staaten» in Palästina entstanden. In der Zwischenzeit formier-
ten sich im 12.–11. Jh. auf dem mittelpalästinischen Gebirge lo-
ckere Verbände von bäuerlichen Dorfsiedlungen, die sich im
Norden als «Israel», im Süden südlich Jerusalems als «Juda» bezeichneten und aus denen erste «Staaten» unter Saul im Norden
und unter David im Süden entstanden. Dieser gegenüber dem
Stadtstaatensystem der Bronzezeit gewandelte Typus der Terri-
torialstaaten hatte in der Amarna-Zeit Vorläufer in den Staats-
gebilden Jerusalems und Sichems, dessen Einflussgebiet von der
Jesreelebene im Norden bis Bethel an der Grenze zum Jerusalemer Territorium im Süden reichte. Mit dem frühen israelitischen
und judäischen Typus des Territorialstaates war aber ein gravie-
render Unterschied zu den bronzezeitlichen Stadtstaaten im
2. Jahrtausend in Palästina verbunden. Verfügten diese über eine
im Verhältnis zum städtischen Zentrum nur schmale ländlich-
agrarische Peripherie, so war es in den nun entstandenen Terri-
torialstaaten Israel und Juda genau umgekehrt. Deren Zentren,
von deren geringer Ausdehnung das Dorf Gibea als «Residenz»
des ersten Königs Saul, dessen «Palast» sich kaum von den zeitgenössischen Wohnhäusern abhob, einen Eindruck gibt, beher-
bergten keine durchorganisierten staatlichen Verwaltungen, so
dass in der jüngeren Forschung erwogen worden ist, den Begriff
des Staates für die Geschichte Israels und Judas vor dem 8. Jh.
nicht zu verwenden. Und tatsächlich sollte jede Assoziation an
einen neuzeitlichen Staatsbegriff vermieden werden, so dass der
Begriff «Staat», so wird sich zeigen, für das davidische und salomonische Juda auch nur in einem eingeschränkten Sinne benutzt
wird. Den in die Diskussion eingeführten Begriff «Häuptlings-
herrschaft» (chiefdom) sollte man allerdings meiden, da er un-
zutreffende Assoziationen an heutige Stammeskulturen in Afrika und Asien wecken könnte, deren Übertragung auf das antike

Juda und Israel von einem forschungsgeschichtlich in Soziologie und Kulturethnologie überholten Modell universalhistorischer Typologie der Evolution von Staatsentstehungen gelenkt ist. Von einer staatlichen Durchorganisation eines Staatsterritoriums vor dem 8. Jh. in Juda kann tatsächlich keine Rede sein. Sauls Herrschaftsfunktion beschränkte sich im ausgehenden 11. Jh. darauf, den bäuerlichen Heerbann zu führen. Sein Heereskönigtum war also nur ein entfristetes Amt eines «charismatischen» Heerbannführers, das im vorstaatlichen Israel im 12.–11. Jh. während einer akuten Bedrohung nur auf Zeit vergeben wurde. So bestand Sauls Hofstaat auch fast nur aus Mitgliedern seiner Familie. Ursache für die Staatsbildung in dieser archaischen Form war die Bedrohung vor allem durch den Stadtstaatenverband der zu den Seevölkern gehörenden Philister, die nach dem erfolglosen Versuch, in Ägypten einzudringen, sich an der palästinischen Mittelmeerküste niederließen. Auch die judäischen Sippen im Süden nutzten die Chance, ihr militärisches Potenzial gegen die Bedrohung durch die Philister und Wüstenstämme besser zur Wirkung zu bringen, als sie David, der als Söldnerführer eine Gruppe von Hapiru um sich gesammelt und in Diensten der Philister militärische Erfahrung gesammelt hatte, in Hebron zum König erhoben. Nachdem Saul nach seiner Niederlage, die ihm die Philister beigebracht hatten, getötet worden war, erhielt David auch Zuspruch aus Israel im Norden. Es ist nicht eindeutig, wie weit sich Davids Herrschaft über Juda hinaus nach Norden erstreckte, da die Idee des davidisch-salomonischen Reiches unter Einschluss aller Nordstämme Israels Projektion eines großisraelitischen Ideals unter Einschluss des an die Assyrer verlorenen Staates Israel aus der Zeit des Königs Josia im ausgehenden 7. Jh. in das 10. Jh. war. Doch zumindest der Stamm Benjamin, aus dem Saul stammte und der nördlich an Juda angrenzte, hatte sich der davidischen Herrschaft in Hebron angeschlossen, so dass das Staatsgebiet Davids wieder in etwa das des Stadtstaates Jerusalem in der Amarna-Zeit umfasste, ergänzt durch das Gebiet um Hebron und das Beerscheba-Tal im Süden. Da aber der Norden nach Sauls Katastrophe ohne eigenen König blieb, ist es wahrscheinlich, dass

David und Salomo ihren Einflussbereich über Benjamin hinaus
weiter nach Norden ausdehnen konnten. Dies bestätigt die aus
der Hofannalistik des 10. Jh. stammende Liste in 1 *Kön* 4,8–19,
die zeigt, dass Salomo seinen Einfluss nördlich seines Staats-
gebietes durch lokale Autoritäten, die mit ihm verbunden seine
Interessen wahrnahmen, zu festigen suchte, ohne aber die lokale Autonomie der Regionen nördlich des judäisch-benjamini-
tischen Territoriums aufzuheben. Der Bericht über Salomos
Baumaßnahmen in Hazor, Megiddo und Gezer, der im Kontext
einer Erzählung über Salomos Baufron (1 *Kön* 9,15–23) steht,
ist dagegen im 7. Jh. abgefasst worden und die Korrelierung mit
Grabungsergebnissen in diesen Städten gegenwärtig sehr umstritten. Die Staatsentstehungen in Phönizien, dem Aramäer-
Staat mit Zentrum in Damaskus und nicht zuletzt eines Staates
Israel nördlich von Juda im 10. Jh. setzten dem Versuch Salomos, das durch den Rückzug der Ägypter entstandene Machtvakuum zu füllen, ein Ende.

Auf der Grenze zwischen Juda und Benjamin lag, als David in
Hebron residierte, die kanaanäische Stadt Jerusalem, deren vor-
judäische Einwohner die Bibel später als «Jebusiter» – ein Spott-
name von dem als Trockenplatz «Jebus» bezeichneten SO-Hügel der kanaanäischen Stadt abgeleitet – bezeichnet hat. Das
Territorium des vorbiblischen Stadtstaates Jerusalem war inzwischen judäisches und benjaminitisches Stammesgebiet geworden und wurde von Hebron aus von David beherrscht.
Was lag für ihn näher, als sich Jerusalems, das jahrhundertelang
das städtische Zentrum des von ihm nun von Hebron aus be-
herrschten Gebietes war, zu bemächtigen, zumal Jerusalem auf
der Grenze zwischen Juda und Benjamin in Davids Herrschafts-
bereich gelegen als Bindeglied zwischen diesen beiden Stämmen
dienen konnte? In 2 *Sam* 5,6–7 ist in literarischem Kontext des
7. Jh. eine Annalennotiz eines Hofschreibers über Davids Einnahme Jerusalems im 10. Jh. erhalten, die älter als ihr Kontext
ist und im 7. Jh. in 2 *Sam* 5,6.8 durch das Motiv der Blinden
und Lahmen ergänzt wurde (in Klammern):

«Und der König (David) und seine Männer zogen nach Jerusalem gegen die Jebusiter, die im Lande wohnten und man

sprach zu David: Du wirst hier nicht hineinkommen (vielmehr werden dich die Blinden und Lahmen vertreiben. Das sollte zum Ausdruck bringen: David wird hier nicht hineinkommen). Und David nahm die Zitadelle Zion ein, das ist die Stadtfeste Davids. David sagte an jenem Tag: Jeder, der den Schacht erreicht, soll die Jebusiter erschlagen (auch die Lahmen und Blinden, die David in der Seele verhasst sind. Daher sagt man: Ein Blinder und ein Lahmer kommt nicht in das Haus)».

Der Name «Zion», der den «Bergrücken» des SO-Hügels bezeichnet hatte, war zum Namen der Bergzitadelle auf dem von K. M. Kenyon und Y. Shiloh freigelegten Terrassensystem auf dem SO-Hügel geworden (2 *Sam* 5,7), die nach der Eroberung durch David in «Stadtfeste Davids» umbenannt wurde (2 *Sam* 5,9). 2 *Sam* 5,5–9 ist in dem gekennzeichneten Kernbestand Teil königlicher Annalistik, der besagt, dass David die im 13.–11. Jh. auf dem komplexen Terrassierungssystem errichtete Zitadelle eingenommen habe. Die Umstände, wie Davids Soldaten die Stadtmauer überwinden konnten, wird noch angedeutet: Ein besonders herausgehobenes Ziel der Aktion war der Schacht, der von der durch Türme bewachten Beckenanlage die Wasser der Gihon-Quelle unter der Stadtmauer hindurch in die Stadt führte (Abb. 10). Dieser Schacht wurde von den Stadtbewohnern bewacht, und diese Bewachung musste durchbrochen werden. Der biblische Bericht ist aussagekräftig dafür, dass der Schreiber den Vorgang der Einnahme Jerusalems als Handstreich erscheinen lassen wollte.

Im 10. Jh. verstärkte David durch eine gestufte Steinkonstruktion das Terrassierungssystem als Substruktion für die Zitadelle auf dem Bergrücken (Abb. 4). Diese pyramidenförmige Substruktionskonstruktion läuft nach oben auf einer Breite von 40 m aus und ist bislang auf eine Höhe von 27 m freigelegt worden. Sie zog sich aber bis zur Stadtmauer aus dem 18. Jh. als Verankerung herab und hatte also eine Gesamthöhe von 37,5 m. Im Kontext der schon genannten Hofannalen wurde in 2 *Sam* 5,9 diese Baumaßnahme Davids zeitnah dokumentiert:

«Und David umbaute/ummantelte von der Aufschüttung *(millō')* herum in Richtung auf den Palast».

Diese Notiz einer Ummantelung und Ergänzung der Terrassen entspricht recht genau dem archäologischen Befund der Datierung der gestuften Steinkonstruktion in das 10. Jh. aufgrund des Keramikbefundes, wenn man der seit 70 Jahren in der Forschung stabilisierten Keramikchronologie folgt, die von der Mehrheit der Archäologen vertreten wird. Dagegen haben andere Forscher die Datierung der Keramik generell um rund 100 Jahre abgesenkt, so dass die gestufte Steinkonstruktion in das 9. Jh. zu datieren wäre. Diese Frage soll hier nicht im Detail erörtert werden. Doch selbst wenn man der Spätdatierung der Keramikchronologie folgen wollte, ist zu berücksichtigen, dass Keramikfunde einer Siedlungsschicht in der Regel nur für das Ende einer Besiedlungsschicht, nicht aber für den Beginn der Nutzung aussagekräftig sind, so dass bei der Spätdatierung nur eine Aussage darüber erzielt wäre, dass die gestufte Steinkonstruktion im 9. Jh. in Gebrauch war, was nicht zu bestreiten ist.

Die Annalennotiz in 2 *Sam* 5,9 spricht auch von einem «Palast» Davids. 2 *Sam* 5,11 berichtet vom Bau dieses Palastes mithilfe des phönizischen Königs Hiram von Tyrus, der Zedernholz aus dem Libanon, Zimmerleute und Steinmetze geschickt habe. Die israelische Archäologin E. Mazar legte jüngst ein öffentliches Gebäude nördlich der gestuften Steinkonstruktion frei mit Mauern von 6–8 m Breite, von dem die Ausgräberin sagt, es gehe auf Davids Palast zurück. Doch deuten Mauerart einer Kasemattenmauer und Kapitellart eher auf das 9. als das 10. Jh. Auf die öffentliche Funktion dieses Gebäudes bis zu seiner Zerstörung durch die Babylonier 587/86 v. Chr. weist neben der Größe auch ein Siegelabdruck mit der Aufschrift «gehört Jehuchal, Sohn des Schelemijahu, Sohn des Schobi», der in dem Gebäude in Verbindung mit Keramik des 8.–6. Jh. gefunden wurde. Ein Jehuchal ben Schelemijahu wird in der Bibel in *Jer* 37,3 und *Jer* 38,1 als Beamter des Königs Zedekia genannt. Nur wenige Meter entfernt vom Fundort dieses Siegelabdrucks wurde in der Grabung von Y. Shiloh in einem Hort von 45 Siegelabdrücken ein Abdruck mit dem Namen Gemarjah ben Schafan gefunden, der aus *Jer* 36,10.12.25 als Beamter des Königs Jojakim bekannt ist.

Die Archäologie gibt keinen Hinweis auf Zerstörungen in Je-

rusalem im 10. Jh., was darauf hindeutet, dass nach der hand-
streichartigen Einnahme der Stadt durch David ihre Integration
in die davidische Herrschaft friedlich vor sich ging, der, wie die
biblischen Erzählungen noch zu erkennen geben, eine integra-
tive Politik betrieben hat. Aus den vorjudäischen Bewohnern
Jerusalems rekrutierte David auch einen Teil seiner Beamten-
und sogar Priesterschaft. *Jos* 15,63 wusste noch im 5. Jh. davon,
dass «bis auf den heutigen Tag» «Jebusiter» und Judäer in Jerusalem zusammenwohnten.

Über die Religion des vorbiblischen Jerusalems sind direkte
Zeugnisse spärlich und Rückschlüsse von der Bibel, insbesondere den Psalmen, auf eine vorbiblische Religionsgeschichte der
Stadt umstritten. Aussagekräftig aber ist der Name Jeruschalem,
der mit «Gründung des (Gottes) Schalem» wiederzugeben ist
und akkadisch als *urusalim*, «Stadt des (Gottes) Schalem», sowie ägyptisch als *ruschalimum*, «Berghöhe des (Gottes) Schalem», adaptiert wurde, indem der Vorsilbe *jeru-*, «Gründung»,
ein lautlich anklingender Sinn abgerungen wurde. Der Gott
Schalim/Schalem ist aus spätbronzezeitlichen Texten der kanaanäischen Hafenstadt Ugarit an der syrischen Mittelmeerküste
gut bekannt und dort als Abendstern mit der Gottheit Schahar,
dem Morgenstern, und der Sonnengottheit Schamasch verbunden. Jerusalem führte den Gott Schalim/Schalem als Stadtgott
im Namen, der als Kriegsgott für den Schutz der Stadt eintreten
sollte, als Abendstern auch in Verbindung mit dem Totenreich
stand und als Abkömmling des Schöpfergottes El galt. Schließlich wurde der Gott Zedek im vordavidischen Jerusalem verehrt, der den Aspekt der Gerechtigkeit und Gemeinschaftstreue
im Zusammenleben der Götter und Menschen und damit einen
Aspekt des Sonnengottes repräsentierte, mit dem auch der Gott
Schalim verbunden war. Die Namen zweier nach biblischer Tradition vordavidischer Könige Jerusalems wurden nach dem
Gott Zedek genannt, so Adonizedek («Mein Herr ist [der Gott]
Zedek; *Jos* 10,1.3) und der Priesterkönig Melchizedek («Mein
König ist [der Gott] Zedek; *Gen* 14,18; *Ps* 110,4). *Ps* 85,13–14
zeigt die Verbindung von Schalem und Zedek mit dem judä-
ischen Gott Jahwe im biblischen Sprachgewand späterer Zeit:

«Jahwe verleiht seinen Segen und unsere Erde gibt ihre Frucht. Zedek geht vor ihm her und Schalem auf der Wegspur seiner Schritte».

Der Psalm erzählt hier von einer Götterprozession, aus der Segen und daraus Fruchtbarkeit des Erdbodens resultieren. Im biblischen Jerusalem sind die Götter Zedek und Schalem zu Attributen des Gottes Jahwe geworden, wie es noch der Königsname Zedekia («Meine Gerechtigkeit ist Jahwe») zeigt. Der Name des Jerusalemer Königs Abdi-Hepa in der Amarna-Zeit zeigt schließlich, dass in der indoarischen Einwohnerschicht das hurritische Götterpaar Teschub-Hepa verehrt wurde. Als Partnerin des Wettergottes Teschub sollte die Göttin Hepa(t)/Heba(t) als «Hepa des Königs» das Königtum und wie der Gott Zedek die gesellschaftliche Ordnung bewahren. Den ägyptischen Einfluss in der Stadt des 13. Jh. vor ihrer Einnahme durch David bezeugt eine die Götter Seth und Osiris nennende Stele, die in der Stadt gefunden wurde (Kap. 4).

Mit David kam der judäische Gott Jahwe als Dynastiegott Davids und seiner Nachfolger nach Jerusalem und wurde mit dem höchsten der kanaanäischen Götter, dem Gott El, identifiziert. Für eine Verehrung des Gottes Baal im vorbiblischen Jerusalem, dessen Konzeption um die Mitte des 2. Jahrtausends in Syrien entstand und von Norden nach Süden wanderte, gibt es keine ausreichenden Hinweise. Vermutlich ist diese Gotteskonzeption in der zweiten Hälfte des zweiten Jahrtausends noch nicht bis nach Jerusalem vorgedrungen und für die Hirten Südpalästinas auch weniger attraktiv als für die stärker bäuerliche Kultur in Nord- und Mittelpalästina. Dass aber die Religion im davidischen Jerusalem auch nach der Identifizierung Jahwes mit dem kanaanäischen Gott El noch polytheistisch war, also eine Mehrzahl von Göttern verehrt wurde, zeigt die Benennung der Davidsöhne Absalom («Mein Vater hat Frieden [Schalom] [gefunden]») und Salomo («Sein [des Verstorbenen] Frieden»), die darauf hinweisen, dass der Gott Schalem in der Funktion eines Unterweltgottes auch mit dem Totenkult des davidischen Königshauses verbunden war.

Nach biblischer Vorstellung soll sich unter Salomo einschneidend die Baugestalt Jerusalems zur Metropole eines von Ägypten im Süden bis zum Euphrat im Norden reichenden Großreichs gewandelt haben. Um dieser neuen Funktion willen habe Salomo mit phönizischer Unterstützung Palast und Tempel bauen lassen. Doch die biblische Idee von einem davidisch-salomonischen Großreich stammt aus dem 7. Jh., hat also keine historische Basis. Schon die Vorstellung, David und Salomo hätten über ein die Sippen Judas und Israels vereinigendes Reich geherrscht, entbehrt der historischen Grundlage. Dass David einige Eroberungszüge über den Jordan unternommen hat, ist möglich, da die transjordanischen Völkerschaften der Ammoniter, Moabiter und Edomiter zu dieser Zeit noch nicht zu Staatsgründungen gefunden und damit dem judäischen Staat mit einem Staatsterritorium zwischen Beerscheba und Bethel sowie einem Einfluss in den Gebieten nördlich von Bethel unterlegen waren. Dass es ihm aber gelungen sein sollte, eine dauerhafte Herrschaft Judas in den Gebieten Transjordaniens zu errichten, darf bezweifelt werden. Ein Reich Salomos gar noch von Ägypten bis zum Euphrat mit Jerusalem als Zentrum ist eine Fiktion. Die Salomo-Erzählungen, die überwiegend im 7. Jh. konzipiert wurden, schreiben ihm in 1 *Kön* 6–7 den Bau eines Tempels zu, der die Maße aller bekannten Tempel Palästinas sprengen würde, was gegen die These spricht, Salomo habe einen kanaanäischen Tempel dieser Ausmaße vorgefunden, den er nur renoviert habe. Der Hauptraum dieses Tempels soll 60 Ellen, d. h. ca. 30 m lang, 20 Ellen breit und 30 Ellen hoch gewesen sein. Davor habe eine Vorhalle von 10 Ellen Länge bei gleicher Breite gelegen, so dass der Tempel eine Gesamtlänge von 70 Ellen, d. h. ca. 35 m, gehabt habe. Innerhalb des Hauptraums befand sich nach dem Baubericht das Allerheiligste, das in Länge, Höhe und Breite 20 Ellen gemessen habe, also 10 Ellen niedriger als der Hauptraum gewesen sein sollte. Da von einer Treppenanlage in der Baubeschreibung nichts verlautet, musste nach Vorstellung des Textes das Allerheiligste ein Architekturelement gewesen sein, das von der Haupthalle um 10 Ellen überwölbt wurde. Der Baubericht gibt noch zu erkennen, dass der Tempelbau durch einen Anbau von Kammern an Hinter- und Seitenwänden

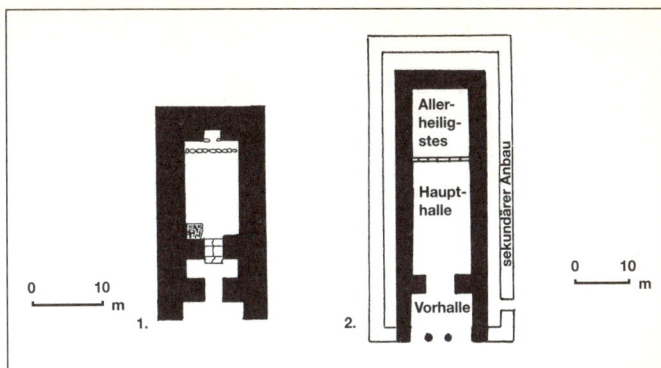

Abb. 12 Syrischer Antentempel des 2. Jahrtausends
und Jerusalemer Tempel des 1. Jahrtausends

nachträglich erweitert worden sei (1 *Kön* 6,5–8). Zwischen den
Verlängerungen der Seitenwände in die Vorhalle, den Anten,
sollen die beiden Säulen Jachin und Boas gestanden haben
(1 *Kön* 7,21–22) (Abb. 12). Die Annahme, dieser Tempel habe
südlich des heutigen Tempelbezirks mit dem Felsendom gestanden, ist durch einhundertjährige Ausgrabungsgeschichte auf
dem SO-Hügel ausgeschlossen. Es bleibt also nur eine Lokalisierung im Bereich des heutigen Tempelplatzes, so dass eine archäologische Erforschung dieses Tempels ausgeschlossen ist.
Nach dem biblischen Tempelbaubericht soll es sich um einen
Langhaustempel des Antentempeltypus gehandelt haben, der
vom 3.–1. Jahrtausend in Syrien verbreitet war, so dass sich
allein aus dem Tempeltypus, der im Tempelbaubericht in 1 *Kön*
6 vorausgesetzt wird, kein Kriterium der Datierung ergibt. Das
ändert sich, wenn man den Baubericht der Palastanlage (1 *Kön*
7,1–12) hinzunimmt. Bleiben auch Details ihrer baugeschichtlichen Einordnung angesichts der Kürzungen des ursprünglichen Bauberichts im überlieferten Text des 7. Jh. strittig, so ist
doch so viel deutlich, dass nach Vorstellung des biblischen
Autors der Palast eine Thronhalle mit vorgelagerter Säulenhalle
aufwies (1 *Kön* 7,6–8) und damit nach dem Aufriss eines als
Bit-Hilani («Haus mit Eingangshalle») bezeichneten Typus von

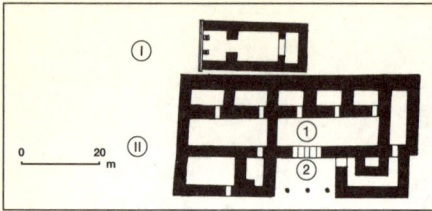

Abb. 13 Tempel (I) und Bit-Hilani-Palast (II) mit Thronsaal (1) und Eingangshalle (2) in Zinçirli (9. Jh.)

Palästen des syrischen Raumes errichtet worden war, der aus zwei in ihrer Hauptachse parallel zur Front liegenden Hallen als Grundelementen dieses Palasttypus bestand, einer Eingangshalle und einem dahinter liegenden Thronsaal. Die Verbindung der Architekturtypen von Antentempel und Bit-Hilani-Palast ist erstmals im 9. Jh. in Syrien in Zinçirli belegt (Abb. 13). Da nichts dafür spricht, dass der Typus dieses Bauensembles seinen Ursprung in Jerusalem haben und hundert Jahre später in Syrien rezipiert worden sein sollte, was der sonstigen Architekturgeschichte des syrisch-palästinischen Raumes diametral widersprechen würde, kann das in 1 *Kön* 6–7 beschriebene Bauensemble von Tempel und Palast in Jerusalem also kaum in das 10. Jh. der Zeit Salomos datiert werden, sondern frühestens ins 9. Jh. Schon der Palasttyp des Bit-Hilani, der in Syrien in der Spätbronzezeit und dann erst wieder im 9. Jh. belegt ist, lässt keine andere Datierung zu. Andererseits ist es ausgeschlossen, dass es sich in 1 *Kön* 6–7 um eine erst aus nachexilischer Zeit des 5. Jh. stammende Baubeschreibung handeln soll, da es in persischer Zeit keinen Königspalast mehr in Jerusalem gab. Da die Tempelanlage noch durch einen Kammeranbau erweitert sein soll, diese Umbaumaßnahme aber am ehesten mit dem König Josia im 7. Jh. zu verbinden ist (2 *Kön* 22,3–7), grenzt sich der Zeitraum für den Bau der in 1 *Kön* 6–7 beschriebenen Akropolis von Tempel und Palast auf das 9.–8. Jh. ein. Möglicherweise hat die Akropolis Samaria der omridischen Könige, die im 9. Jh. eine politische Oberhoheit über das davididische Juda ausübten, auch den Ausbau der Jerusalemer Akropolis in dieser Zeit beeinflusst. Juda konnte in dieser Zeit Teile des Hügellandes westlich von Jerusalem in sein Territorium integrieren. Die Ausgrabungen von Lachisch haben eine stark befestigte judäische Stadt des 9. Jh. zutage gefördert. Die sich darin widerspiegelnde Verstärkung städtischer Besiedlung in Juda hat sich auch in Jerusalem niedergeschlagen, so dass die Lücke zwischen dem noch im 10. Jh. bescheidenen Jerusalem Davids und Salomos und dem zu einer Metropole im 8. Jh. ausgebauten Jerusalem unter Einschluss des SW-Hügels architekturhistorisch geschlossen wird.

Dennoch ist es wenig wahrscheinlich, dass die in der Bibel fest verankerte Tradition von Salomos Tempelbau nur Fiktion sein sollte, da es in diesem Falle näher gelegen hätte, David zum Tempelbauer zu küren. Die im Kern aus dem 7. Jh. stammende Erzählung von der Begegnung des Propheten Nathan mit David in 2 *Sam* 7 versuchte zu erklären, warum nicht David, sondern Salomo zum Tempelbauer geworden sei. Wie rein fiktive Legitimationstraditionen aussehen, zeigt die Erzählung von Davids Kauf der Tenne Araunas und Errichtung eines Altars auf diesem Felsen in 2 *Sam* 24,18–25, handelt es sich doch um den Heiligen Felsen, der noch heute – überwölbt durch den moslemischen Felsendom – bereits vorbiblisch-kanaanäisches Heiligtum zur Verehrung des Himmelsgottes war, auf den der indoarische Name Arauna, der mit dem Gottesnamen Varuna (griechisch: Uranos) sprachlich verwandt ist, hinweist. Mit dieser Erzählung wurde die Übernahme eines vorjudäischen Heiligtums legitimiert, indem es zur Tenne säkularisiert erst durch David geheiligt worden sei. Auch in der Erzählung vom Schicksal der (Bundes-)Lade, die im salomonischen Tempel gestanden haben soll, wurde eine vordavidische Geschichte der Lade erfunden, um diesem Kultgegenstand eines Thronuntersatzes für den Gottesthron in Gestalt der Mischwesen der Cheruben im Allerheiligsten die Legitimität eines ersten Kultgegenstands aus vorstaatlicher Zeit zu verleihen. So soll die Lade schon in früher Zeit im Heiligtum von Silo gestanden haben, als Kriegspalladium an die Philister verloren gegangen und schließlich von David nach Jerusalem geholt worden sein (1 *Sam* 4–6; 2 *Sam* 5). Diese Erzählung wollte verschleiern, dass der so wichtige Kultgegenstand im Allerheiligsten gerade keine Vorgeschichte und also

Legitimation hatte, ehe er Teil des Kultinventars des Jerusalemer Tempels wurde. Nimmt man diese fiktiven Legitimations-
erzählungen vom Erwerb der Tenne Araunas und der Einho-
lung der Lade in Jerusalem, die David, nicht aber Salomo, als
Kultgründer zeigen, so spricht das dafür, dass unter Salomo
tatsächlich Tempel und Palast in Jerusalem gebaut wurden,
auch wenn der Baubericht in 1 *Kön* 6–7 sich auf die späteren
Bauwerke von Tempel und Palast des 9.–8. Jh., nicht aber
des 10. Jh. bezieht. Da eine archäologische Freilegung dieser
Gebäude nicht möglich ist, müsste auch die Baugestalt der Bauwerke des 10. Jh. im Dunkeln bleiben, wenn es nicht einen Hinweis in der Baubeschreibung des Tempels gäbe. Das Allerheiligste von 20 × 20 × 20 Ellen ist ein architektonischer Fremdkör-
per im Tempel. Es soll innerhalb des Hauptraumes gestanden
haben (1 *Kön* 6,20) und durch eine bis an die Decke reichende
Holzwand von der Haupthalle des Tempels abgetrennt worden
sein. Über die Herkunft dieses Architekturelements im Tempel
ist in der Forschung spekuliert worden. So soll es ein Relikt des
Zeltes sein, in dem die Lade in vorjerusalemer Zeit in Silo Heimat gehabt haben soll, doch ist die Zelttradition literaturhisto-
risch ein Spätling in der Bibel. Näher liegt es, an einen Qua-
drattempel zu denken, der in die Tempelarchitektur des 9.–8. Jh.
einbezogen wurde und der, wie *Ez* 41,3 zeigt, nicht aus Holz,
sondern aus Stein gebaut war. Die Stellung des Allerheiligsten
im jetzigen Baubericht in 1 *Kön* 6,20 im Kontext der Holzarbei-
ten ist nicht Hinweis darauf, dass es sich um einen Holzkasten
handelte, wie oftmals vertreten wird, sondern dass dieser Qua-
dratbau bei der Überbauung durch den größeren Tempel mit
Holz verkleidet und Gold überzogen wurde. Bei diesem Qua-
drattempel, der kanaanäische Vorbilder hat, könnte es sich um
die salomonische Palastkapelle des 10. Jh. handeln, die im
9./8. Jh. in den größeren Tempelbau einbezogen wurde.

Schließlich ist zu fragen, wo der Tempel aus dem 9.–8. Jh.
und sein möglicher Vorgängerbau aus dem 10. Jh. auf dem heutigen Tempelbezirk des Felsendomes zu lokalisieren sind. In der
älteren Forschung wurde als Alternative diskutiert, den Tempel
mit dem Heiligen Felsen zu verbinden oder südlich des Felsens

zu lokalisieren. Für die letztere Lösung wird ins Feld geführt, dass der jüdische Schriftsteller Josephus im 1. Jh. n. Chr. von einem quadratischen Tempelbezirk in herodianischer Zeit berichtet, die südliche Umfassungsmauer des herodianischen Tempelbezirks, die noch heute in voller Länge steht, 280 m lang ist, so dass die Nordbegrenzung dicht hinter dem Felsen gelegen haben müsse, was einen Tempelbau an dieser Stelle ausschließe. Die Heiligkeit des Felsens sei nicht durch kanaanäische und judäische Tradition begründet, sondern erst islamisch durch die moslemischen Omajjaden im 7. Jh. n. Chr., die den Felsendom errichteten (Kap. 9). Doch die vorchristlich am Heiligen Felsen haftenden Motive wie das des Weltmittelpunktes und Ortes der Weltschöpfung, des Adamgrabes, der Opferung Isaaks (*Gen* 22), der Tenne Araunas (2 *Sam* 24) und des Altars des Priesterkönigs Melchizedek (*Gen* 14) sind in byzantinisch-vorislamischer Zeit auf den Golgatha-Felsen der Grabeskirche übertragen worden, so dass der Heilige Felsen schon in jüdischer Zeit vor Zerstörung des Zweiten Tempels durch die Römer 70 n. Chr. religiös aufgeladen war. Einige dieser Motive gehen bis in die vorbiblische Zeit zurück, als der Felsen als kanaanäischer Opferplatz diente, so dass sich mit dem Felsen eine lange vom zweiten vorchristlichen Jahrtausend bis in die Gegenwart reichende religiöse Tradition verbindet. Für die Mehrzahl der Forscher ist der Erste und Zweite Tempel zwischen dem 10. Jh. v. Chr. bis zum 1. Jh. n. Chr. also beim Heiligen Felsen zu lokalisieren. Wie nicht zuletzt der auf die südlich des Tempels gelegene Thronhalle des Palastes bezogene Vers 1 des Psalms 110 zeigt, der davon spricht, dass der König als Sohn Gottes (*Ps* 2,7) zur Rechten Gottes throne, war der Tempel mit dem Eingang nach Osten ausgerichtet. Der am Ersten Tempel verehrte Gott war also mit Sonnengottaspekten verbunden, was seine Nähe zum Stadtgott Schalem unterstreicht. Offen bleibt die Frage, ob der Heilige Felsen im Allerheiligsten des Tempels lag oder als Brandopferaltar im Vorhof des Tempels diente.

Südlich des mit dem Heiligen Felsen verbundenen Tempels lag zwischen dem Felsendom und der Aksa-Moschee des heutigen Tempelplatzes der Königspalast. Wie wir bereits sahen,

bezieht sich auch die Baubeschreibung eines Palastes des Bit-
Hilani-Typs nicht auf ein Bauwerk des 10. Jh., sondern eher des
9.–8. Jh. Die Palastanlage bestand, so zeigt es 1 *Kön* 7, aus mehreren Gebäuden, neben dem Bit-Hilani auch einem «Libanon-
waldhaus», benannt nach Gebälk, Decke und drei Reihen von
45 Säulen jeweils aus Zedernholz – Zedernholz wurde aus dem
Libanon importiert –, die das Dach eines Gebäudes von 50 m
Länge und 25 m Breite tragen sollten. 1 *Kön* 7,8 nennt in einem
im 7. Jh. verfassten literarischen Kontext noch zwei Wohn-
paläste für Salomo und seine ägyptische Gattin – Paläste, die
von gleicher Bauart wie der Bit-Hilani-Palast gewesen seien.
Diese Notiz in 1 *Kön* 7,8 hat wenig historische Glaubwürdig-
keit, ist sie doch durch die die Salomo-Erzählungen des 7. Jh.
insgesamt prägende Tendenz gelenkt, Macht und Glanz Salomos als König eines Großreiches herauszustellen. Ob das «Li-
banonwaldhaus» älter war als der Bit-Hilani-Palast und möglicherweise in das 10. Jh. zu datieren ist, muss offen bleiben, da
der Bautypus dieses Gebäudes recht analogielos ist und also keinen Aufschluss über seine Datierung ermöglicht. Auch sind über
die Funktionen dieses Gebäudes in der Forschung unterschied-
liche Vorstellungen vom Audienzsaal bis zum Pferdestall vertreten worden. Da das Gebäude aber in die Baubeschreibung einbezogen ist, die den Autoren der Salomo-Erzählungen im 7. Jh.
bereits vorlag, ist davon auszugehen, dass die Beschreibung des
Gebäudes nicht Fiktion ist, sondern sich an der Baugestalt Jerusalems zwischen dem 9.–8. Jh. orientierte. Dann aber war die
Palastanlage des 9.–8. Jh. erheblich größer als der Jahwe-Tem-
pel dieser Zeit einschließlich seiner baulichen Erweiterung durch
einen Kammerumgang im 7. Jh. Bereits das Bauensemble von
Zinçirli zeigt die Anbindung des Tempels an den erheblich größeren Palast, was darauf hinweist, dass der Tempel als Palastkapelle gedient hat. Das war auch in Jerusalem so, da der Tempel,
der «eigenkirchlich» an die Könige der Daviddynastie gebun-
den war, auf königlichem Grund, der, so die narrative Fiktion
der Erzählung in 2 *Sam* 24, von David erworbenen Tenne Araunas, stand (2 *Sam* 24). Da aber der König als «Leitkanal» des
göttlichen Segens galt, der über ihn vermittelt in Gesellschaft

und Natur floss (*Ps 72*), hatte der Jerusalemer Tempel als Palastkapelle stets implizit eine Bedeutung für das ganze judäische Volk, die im 7. Jh. mit der Umwandlung der königlichen Palastkapelle in einen judäischen Reichstempel durch den König Josia explizit wurde.

Die eingangs zitierte Frage des israelischen Historikers N. Na'aman, ob Jerusalem im 10. Jh. Kuhdorf oder Hauptstadt gewesen sei, ist so beantwortet, dass Jerusalem nicht Hauptstadt eines Großreiches war, wie es biblische Autoren drei Jahrhunderte später im 7. Jh. suggerieren wollten, aber auch nicht nur ein Dorf, wie von einigen Forschern in die Debatte geworfen wird, sondern Stadtsiedlung und Sitz der Könige eines judäischen Kleinstaates, der seinem Einfluss auch im Norden und Osten jenseits seiner Grenzen Geltung zu verschaffen suchte. Unter David behielt die Stadt ihre bereits im 14.–11. Jh. entwickelte Gestalt. Bauliche Veränderungen wie die gestufte Steinkonstruktion knüpften im 10. Jh. an vordavidische Baumaßnahmen des Terrassierungssystems als Substruktion einer Zitadelle im 13.–11. Jh. an. Unter Salomo kam eine bescheidene Akropolis aus Tempel und Palast hinzu, die ihre in 1 *Kön 6–7* vorausgesetzte Baugestalt aber erst im 9.–8. Jh. unter nordisraelitischem Einfluss erhielt.

6. Aufstieg und Fall Jerusalems im 8.–6. Jahrhundert v. Chr. bis zum Babylonischen Exil

Durch Staatsentstehungen, die im 11. Jh. ihren Ausgangspunkt an der Mittelmeerküste und im Hügelland westlich von Jerusalem von den Ägyptern dort angesiedelten Philistern nahmen und über die Staatsgründungen der Phönizier an der Mittelmeerküste und der Aramäer in Syrien schließlich in Ammon, Moab und Edom in Transjordanien zum Abschluss kamen, wurden Juda und Israel eingekreist. Im 10. Jh. konnten David und Salo-

mo sich für ein knappes Jahrhundert gegen die Philister durchsetzen. Historisch ging nach Salomos Tod der judäische Einfluss
in Israel nördlich der Grenze des davididischen Territoriums bei
Bethel und in Transjordanien verloren, hatte doch David und
Salomo die Kraft gefehlt, in diesen Gebieten eine funktionieren-
de, auf Jerusalem zentrierte Verwaltungsstruktur aufzubauen.
Vielmehr gingen die hebräischen Stämme im Norden unter dem
Druck der neu entstandenen Staaten der Phönizier und Aramäer
und einer wachsenden Bevölkerung, was mit sozialer Differenzierung und zunehmender Arbeitsteilung eine komplexere Verwaltung erzwang, selbst zur Gründung eines Staates Israel über
und konnten dabei an die Episode der Herrschaft des Königs
Saul anknüpfen. Die neue Situation führte zu erbitterter Feind-
schaft zwischen Juda im Süden und Israel im Norden, die sich
mit Krieg überzogen. Das änderte sich erst im 9. Jh., als sich in
Israel nach langer Zeit instabiler Herrschaft und einer Serie von
Revolten gegen wechselnde Königsdynastien der General Omri
(878–871 v. Chr.) an die Macht putschte und mit ihm die stabile
und erfolgreiche Königsdynastie der Omriden etabliert wurde,
die sich mit den Phöniziern verschwägerte und Moab sowie
Juda als Vasallen und die Aramäer mit Zentrum in Damaskus
als Verbündete gewinnen konnte. Während in den Staaten Israel
und Juda im 10. und frühen 9. Jh. eine Infrastruktur staatlicher
Organisation nur in Ansätzen vorhanden war, änderte sich das
in Israel unter den Omriden, die erstmals ein Verwaltungs- und
damit verbundenes Steuersystem über das Land zogen, das sein
Zentrum in der von Omri neu gegründeten Residenz Samaria
fand, deren Architektur auf die Akropolis in Jerusalem aus-
strahlte. Israel konnte als dicht besiedelter Agrarstaat, der aus
dem wirtschaftlichen und kulturellen Austausch mit seinen
nördlichen Nachbarn, insbesondere Phönizien, Gewinn zog, die
Oberhand über Juda erlangen, dessen Gebiet wie bereits in vorbiblischer Zeit vergleichsweise dünn besiedelt vornehmlich auf
eine Hirtenökonomie gestützt blieb.

Die Steigerung des staatlichen Organisationsgrades in Israel
im 9. Jh. wurde auch durch das seit dem 10. Jh. in Richtung auf
das Mittelmeer nach Westen und nach Süden expandierende

neuassyrische Reich erzwungen. Zur Abwehr der assyrischen Gefahr schlossen sich die syrischen und palästinischen Staaten unter Einschluss von Israel, Juda und Aram-Damaskus in einem Bündnis zusammen. Obwohl es in der Schlacht von Karkar 853 v. Chr. unter Führung des omridischen Königs Ahab (871–852 v. Chr.) gelang, den Vormarsch der Assyrer in Syrien zu stoppen, diente die Internationalität der Politik der Omriden, die von religiöser Toleranz begleitet war, Verlierern im Modernisierungsprozess als Begründung, unter Führung derwischartiger Charismatiker wie der «Propheten» Elia und Elisa einen Putsch konservativer Militärs auszulösen, 841 v. Chr. die Omriden vom Thron zu jagen und den General Jehu (841–ca. 814 v. Chr.) als neuen Machthaber auszurufen. Schlachtruf des Aufstands und des neuen Regimes war die Einzigkeit des Jahwe von Samaria, in dessen Namen andere Götter für illegitim erklärt und ihre Verehrer vernichtet werden sollten. Der politische Isolationismus verbunden mit religiösem Fanatismus kostete Israel die Stellung als herrschende Regionalmacht in Palästina. Die Aramäer wurden zu erbitterten Feinden Israels. Die Situation beleuchtet eine 1993 in Tel Dan an der heutigen israelisch-libanesischen Grenze gefundene Stele aus dem 9. Jh., die Thesen einer «minimalistischen» Geschichtsschreibung, David habe niemals gelebt, sondern sei narrative Fiktion des 2. Jh., falsifiziert, wird doch auf dieser Stele neben einem König Israels ein König auch des Hauses Davids erwähnt. Bei diesen Königen handelt es sich um Joram von Israel (852–841 v. Chr.) und Ahasja(hu) von Juda (841 v. Chr.). Beide sind nach Vorstellung der Bibel beim Putsch des Generals Jehu ums Leben gekommen. Der Auftraggeber dieser Stele, vermutlich der aramäische König Hasaël von Damaskus, rühmt sich historisch zutreffender auf dieser Stele, Israel besiegt und die Könige «Joram, Sohn des Ahab» und «Ahasjahu, Sohn des Jehoram» getötet zu haben.

Die erbitterten Kriege zwischen Aramäern und Israeliten riefen die Assyrer auf den Plan. Jehu musste sich den Assyrern als Hegemonialmacht über Israel andienen, um vor den Aramäern geschützt zu werden. Zu Beginn des 8. Jh. konnte unter dem israelitischen König Jerobeam II. (787–747 v. Chr.) die politische

Lage noch einmal stabilisiert werden, da die Aramäer durch Offensiven der Assyrer unter Druck gerieten und ihre Truppen von der Front gegen Israel abziehen mussten. Doch stand damit politisch Weitsichtigen wie dem aus Juda stammenden Propheten Amos vor Augen, dass das Schicksal Israels langfristig besiegelt war. Als mit Tiglat-Pileser III. (745–727 v. Chr.) sich ein General auf den assyrischen Thron putschte, fielen in schneller Folge Damaskus und Samaria dem assyrischen Ansturm zum Opfer. 722–720 v. Chr. wurde Samaria erobert und zerstört. Ein großer Teil der Bevölkerung wurde von den Assyrern deportiert und das Land dem assyrischen Provinzsystem eingegliedert, so dass Israel von der Landkarte verschwand und nun die Grenze des assyrischen Großreichs nur wenige Kilometer nördlich von Jerusalem verlief. Das im Verhältnis zu Israel rückständige Juda wurde zum alleinigen Träger von judäischer Religion und Tradition des Jahwekultes. Der judäische König Ahas (741–725 v. Chr.) hatte sich bereits in den dreißiger Jahren des 8. Jh. trotz der Warnungen des Propheten Jesaja den Assyrern als Vasall unterworfen. Unter seinem Nachfolger Hiskia (725–696 v. Chr.) vollzog das lange auf dem judäischen Gebirgsblock isolierte, vom internationalen Handel abgeschnittene, vornehmlich von der Kleinviehzucht lebende und im Vergleich zum agrarischen Israel rückständige Juda einen kräftigen Modernisierungsschub, als es nun in den Fokus assyrischer Politik trat, die des palästinischen Aufmarschgebietes gegen Ägypten bedurfte. Hiskia wollte sich gegen die verhasste Hegemonialmacht der Assyrer zur Wehr setzen. In dieser Zeit formierte sich in Jerusalem eine Literatenschicht von Priestern und mit ihnen verbundenen Schreiberfamilien, mit denen nun die Literaturgeschichte der Hebräischen Bibel über die knappen Annalen königlicher Schreiber hinaus begann. Die Literaten des 8./7. Jh. vergewisserten sich ihrer religiösen und nationalen Identität durch Verschriftung ihrer Traditionen und sannen auf Programme zur Wahrung ihrer religiösen Identität gegen den assyrischen Kulturdruck.

Der administrative, ökonomische und politische Aufschwung Judas im Fokus der Großmächte im 8. Jh. spiegelt sich auch in

der Baugeschichte Jerusalems wider. Neben der Gründungsphase im 18. Jh. war bislang kein Jahrhundert für die Architekturgeschichte der Stadt so einschneidend wie das 8. Jh., in dem
sich die Besiedlung auf den SW-Hügel ausdehnte.

Wie die Forschung gegenwärtig in Bezug auf Jerusalem im
10. Jh. auf dem SO-Hügel zwischen maximalistischen und minimalistischen Positionen, die Jerusalem als Zentrum eines Großreichs bzw. als Dorf interpretieren, pendelt, so war auch die ältere Forschung in Bezug auf die Besiedlung des SW-Hügels bis
in die siebziger Jahre des letzten Jahrhunderts gespalten. Die
Vertreter einer maximalistischen Position verfochten eine Besiedlung des SW-Hügels schon in vorbiblischer oder davidisch-
salomonischer Zeit, also eine sog. «Zwei-Hügel-Theorie», während die Vertreter einer minimalistischer Position einer «Ein-
Hügel-Theorie» anhingen und die Besiedlung des SW-Hügels
erst in das 2. Jh. datierten. Der israelische Archäologe N. Avigad
war selbst ein Anhänger der minimalistischen Position, bis seine
Ausgrabungen im Jüdischen Viertel der heutigen Altstadt eine
Klärung brachten, die zeigen, dass keine der beiden Extrempositionen historisch zutreffend ist: Der SW-Hügel diente vor
seiner Besiedlung im 8. Jh. als Steinbruch. Im 8. Jh. sprang die
Besiedlung dann vom SO- auf den gesamten SW-Hügel über,
wie auch Ausgrabungen von R. Amiram/A. Eitan in der Zitadelle, von M. Broshi im Armenischen Garten und außerhalb des
Zionstores der heutigen Altstadt zeigen. Die Besiedlung dehnte
sich im Westen bis auf die Höhe der Westmauer der heutigen
Altstadt, im Süden aber noch über die heutige Altstadt hinaus
bis zum Abfall des SW-Hügels zum Hinnomtal aus (Abb. 18).
Diese Neubesiedlung im 8. Jh. war das Ergebnis eines recht
schlagartigen Bevölkerungszuwachses von mehr als 5000 Menschen in der Stadt. Neben einem Bevölkerungszuwachs als Folge
der langen Friedenszeit unter dem König Ussia (756–741 v. Chr.)
ist nach der Eroberung Israels und der Zerstörung Samarias
durch die Assyrer 720 v. Chr. mit einem Flüchtlingsstrom von
Menschen zu rechnen, die sich durch die Flucht über die nahe
Grenze zu Juda der Deportation durch die Assyrer entziehen
wollten. Viele von ihnen kamen in die Stadt Jerusalem, um nach

Beschäftigung und Wohnung zu suchen. Vor allem aber siedelte Hiskia als Maßnahme seiner Vorbereitungen zur Abwehr eines assyrischen Angriffs einen Teil der Landbevölkerung in die befestigten Städte um, so auch nach Jerusalem. Auch auf dem SO-Hügel dehnte sich im 8. Jh. die Besiedlung südlich der Gihon-Quelle über die Linienführung der Zyklopenmauer aus der Gründungszeit der Stadt Jerusalem nach Osten aus. Anders als noch Y. Shiloh, der bereits Hausarchitektur des 8. Jh. südlich der Gihon-Quelle freigelegt hatte und meinte, es habe sich um eine unbefestigte Vorstadtsiedlung gehandelt, zeigt sich nun in der Grabung von R. Reich und E. Shukron im Bereich der Gihon-Quelle, dass mit der Auswanderung der Besiedlung über die Mauerführung der Zyklopenmauer hinaus gleichzeitig eine neue Befestigung gebaut wurde. Die Zyklopenmauer selbst wurde durch eine neue Vormauer und Mauer mit dazwischen liegendem gepflastertem Wehrgang verstärkt und nach Norden verlängert. Eine aus dem 8.–7. Jh. stammende Annalennotiz in 2 *Chr* 32,5 bezieht sich auf diese Befestigungen zur Zeit Hiskias:

«Er (Hiskia) machte sich kräftig ans Werk und erneuerte die ganze schadhafte Mauer und errichtete Türme darauf. Und draußen baute er eine zweite Mauer und er befestigte die Aufschüttung *(millō')* der Davidstadt».

Das Terrassierungssystem auf dem SO-Hügel wurde mehrfach repariert und diente im 8. Jh. neuen Häusern als Plattform, um so die Besiedlungsdichte auf dem SO-Hügel zu erhöhen. Dagegen ist eine starke Stadtbefestigung auf dem SW-Hügel, für die im 8. Jh. gebaute Häuser zerstört werden mussten, nicht in das 8. Jh., sondern erst in das 7. Jh. zu datieren. Die massive Stadtmauer (Abb. 17), die die Nordseite der Besiedlung auf dem SW-Hügel schützen sollte, sei, so die Ausgräber, bald nach ihrer Errichtung außer Gebrauch gekommen, was auf eine Zerstörung der Mauer durch Sanherib zurückzuführen sei, so dass im 7. Jh. zur Zeit des Königs Josia eine neue Stadtbefestigung gebaut worden sei. Der in dieser Interpretation vorausgesetzten These eines Angriffs der Assyrer im Jahre 701 v. Chr. auf die Stadt widersprechen sowohl die assyrischen wie die biblischen

Quellen, die mit jeweils unterschiedlicher Begründung davon ausgehen, dass Jerusalem zwar durch eine Blockade der Zufahrtsstraßen zerniert, aber nicht gestürmt wurde. Eine Datierung der Mauern in das 7. und 6. Jh. erklärt besser die Abfolge der beiden Befestigungssysteme im Norden des SW-Hügels. Die im 7. Jh. zur Zeit des Königs Manasse oder eher Josia gebaute erste Befestigung der Neustadt mit der «breiten Mauer» (Abb. 12) ist nach der Eroberung Jerusalems durch die Babylonier 597 v. Chr. geschleift worden. Die zweite Befestigung wurde unter Zedekia (597–586 v. Chr.) im frühen 6. Jh. errichtet und im Zuge der zweiten Eroberung durch die Babylonier 587/86 v. Chr. zerstört. Dass die Ausgräber vier Bauphasen in der Besiedlung des SW-Hügels vor dem Bau der Stadtbefestigung unterscheiden, spricht ebenfalls für eine Datierung der ersten Befestigung in das 7. Jh.

Neben der Verstärkung der Befestigung auf dem SO-Hügel ergriff Hiskia Maßnahmen zur Sicherung der Wasserzufuhr in der Stadt. Seit dem Bau der befestigen Anlagen an der Gihon-Quelle im 18.–17. Jh. leitete ein teilweise offener Kanal außerhalb der Stadtbefestigungen das Wasser in ein Wasserbecken am Südende des SO-Hügels (Abb. 18). Dieser Kanal musste in Zeiten der militärischen Bedrängnis verstopft werden. Seitdem hatte es kaum Veränderungen des Wassersystems gegeben. Nur wurde der unterirdische Zugang zur Quelle durch den nach C. Warren benannten, im 9.–8. Jh. entdeckten natürlichen Karstschacht, der den unterirdischen Zugang zur Gihon-Quelle unter der Stadtmauer hindurch erleichtern konnte, in das Wassersystem einbezogen (Abb. 10). Doch die entscheidende Neuerung brachte ein zur Zeit des Königs Hiskia erbauter, unterirdisch im SO-Hügel geführter Tunnel, der auf einer Länge von ca. 533 m die Gihon-Quelle mit einem Teich am Südende des SO-Hügels verband (Abb. 18). In der Annalennotiz in 2 *Kön* 20,20 ist ein Hinweis auf diesen Tunnel erhalten:

«Was sonst noch von Hiskia zu sagen ist, von allen seinen kriegerischen Aktivitäten, und wie er den Teich und die Wasserleitung gebaut und das Wasser in die Stadt geleitet hat, das steht geschrieben in der Chronik der Könige von Juda».

Eine 1880 von Kindern entdeckte und heute im Museum in Istanbul befindliche Bauinschrift dieses Tunnels zeigt, dass die Bautrupps von zwei Seiten aufeinander zuarbeiteten:

«... (das war) der Durchbruch; und dies war der Umstand des Durchbruchs: Während die Hauer mit der Hacke schlugen, jeder auf seinen Kameraden zu, und als noch drei Ellen (ca. 1,5 m) für den Durchbruch waren, da wurde die Stimme eines jeden gehört, der seinem Kameraden zurief. Denn es war ein Spalt im Felsen von Süden und von Norden. Und am Tage des Durchbruchs schlugen die Hauer, jeder, um sich seinem Kameraden zu nähern, Hacke gegen Hacke, und da flossen die Wasser von der Quelle bis zum Becken, an die 1200 Ellen. Und 106 Ellen war die Höhe des Felsens über dem Kopf der Hauer».

Ein Rätsel gab der Forschung seit dem 19. Jh. die Frage auf, wie es den Bauleuten gelingen konnte, sich angesichts des S-förmigen Verlaufs des Tunnels (Abb. 18) zu treffen. Vermutlich haben sie zwei an Ausgangs- und Endpunkt rechtwinklig in den Berg führende Felsspalten genutzt und die letzten 50 m mittels einer zeitgenössischen Vermessungstechnik überwunden. Auch die These wurde vertreten, der Tunnel sei nicht Teil der Verteidigungsmaßnahmen Hiskias, sondern einer Baumaßnahme des Königs Manasse (696–642 v. Chr.), der sich einen allerdings nicht mehr vollendeten Königspark mit Wasserspielen südlich des SO-Hügels bauen wollte und dazu der Wasserzufuhr bedurfte. Doch hätte eine offene Wasserleitung durch das Kidrontal diesen Zweck besser erfüllt. Der große Aufwand, eine unterirdische Leitung zu schlagen, erklärt sich, wenn, wie es zu den Verteidigungsmaßnahmen Hiskias in Erwartung einer Belagerung durch die Assyrer passt, der Tunnel der Sicherung der Wasserversorgung der Stadt während der Belagerung dienen sollte.

Die assyrischen und biblischen Quellen zeichnen ein klares Bild der politischen Situation Jerusalems zur Zeit des Königs Hiskia, der Führer einer antiassyrischen Koalition von philistäischen und phönizischen Städten und wohl auch transjordanischen Staaten war, die 705/04 v. Chr. die Tributzahlungen an den assyrischen Großkönig einstellten. Nachdem der assyrische König Sanherib (705–681 v. Chr.) zunächst die phönizische

Koalition unter seine Botmäßigkeit gezwungen hatte, wandte er sich gegen die philistäischen Städte Askalon und Ekron und stand schließlich 701 v. Chr. in Juda. Hiskia hatte also drei bis vier Jahre Zeit, um sich auf den Einmarsch der assyrischen Armee vorzubereiten. Er nutzte sie, so sahen wir, in Jerusalem zur Verstärkung der Befestigung und Sicherung der Wasserversorgung der Stadt. Um eine offene Feldschlacht zu vermeiden, setzte er auf eine Taktik der Einigelung, baute weitere Städte zu Festungen aus und siedelte die Landbevölkerung in diese Städte um. Doch Sanherib stürmte 701 v. Chr. eine Stadt nach der anderen, so dass schließlich, nachdem Lachisch gefallen war – die assyrischen Palastreliefs, die die Eroberung der Stadt zeigen, sind heute im Britischen Museum in London zu sehen –, nur noch Jerusalem standhielt. In der Umgebung Jerusalems hat dieser Feldzug deutliche Zerstörungsspuren hinterlassen. Die schon zitierte Siloa-Inschrift gibt noch Hinweis auf die dramatischen Ereignisse, blieb sie doch unvollendet. Eine Nennung des Bauherrn, des göttlichen Auftrags, Datums und Zwecks der Baumaßnahme, die zu einer Bauinschrift der Zeit gehören, fehlen. Aufgrund der sich überstürzenden Ereignisse in der Stadt ist dieser Teil der Inschrift nicht mehr geschrieben worden. Jerusalem konnte schließlich der Vernichtung durch Sanherib dadurch entgehen, dass Hiskia sich in letzter Minute den Assyrern unterwarf.

Von da ab war eine offene Rebellion Judas gegen die Assyrer militärisch aussichtslos, zumal sie unter Asarhaddon (681–669 v. Chr.) Ägypten erobern und erstmals die Idee der Weltherrschaft durch die Unterwerfung des gesamten fruchtbaren Halbmonds des Orients von Südmesopotamien bis Ägypten verwirklichen konnten. In Juda nahmen die priesterlichen Literaten die Auseinandersetzung mit der Feder unter dem Kampfruf auf, Israel solle hören, dass Jahwe, der Gott Judas, einzig sei (*Deut* 6,4) und also nur ihm, nicht aber dem assyrischen Großkönig, ungeteilte Loyalität zukomme. Der König Manasse dagegen betrieb als Hiskias Nachfolger in den 55 Jahren seiner Herrschaft im 7. Jh. eine kluge Politik des Ausgleichs mit der assyrischen Hegemonialmacht, was den Widerstand der nationalen Kreise schürte, die nach seinem Tode seinen Sohn Amon (641–640 v. Chr.), der die Politik seines Vaters fortsetzen wollte, nach wenigen Monaten ermordeten. Sein Nachfolger wurde der König Josia (639–609 v. Chr.), der als Knabe von acht Jahren auf den Thron kam. Der zu dieser Zeit eingeleitete Untergang des Assyrischen Reiches führte zum Abzug der assyrischen Armee aus dem ehemaligen Nordreich Israel, so dass die Thronbesteigung des Knaben zu einem Fanal der Befreiung geriet, das in einem Danklied, das bis in die christliche Weihnachtsliturgie hinein Geschichte gemacht hat, besungen wurde:

«Jeder Militärstiefel, der dröhnend daherstampfte, jeder Militärmantel, der mit Blut besudelt war, wurde verbrannt, ein Fraß des Feuers, denn ein Kind wurde uns geboren, ein Sohn (Josia) wurde uns geschenkt. Die Herrschaft liegt auf seinen Schultern» (*Jes* 9,4–5).

Seit fast einhundert Jahren war Israel an die Assyrer verloren, und jetzt wurde es mit deren Abzug frei. Eine Aufbruchstimmung bemächtigte sich des Hofes wie der Menschen in Juda, man könne Juda und Israel zu einer Einheit eines Staates «Israel» mit Zentrum nicht im zerstörten Samaria, sondern im blühenden Jerusalem zusammenschließen. Diese Idee bedurfte der Verankerung in der Geschichte, um ihr Legitimität und damit Realisierungschance zu verleihen. Und wo konnte man diese Idee besser verankern als durch Rückprojektion in die Zeit Davids und Salomos, die schon Einfluss nördlich ihres Territoriums ausgeübt hatten, als es nach der Katastrophe Sauls keinen König im Norden gab? So wurde die Idee des vereinigten davidisch-salomonischen Königreichs von Juda und Israel mit Zentrum in Jerusalem geboren. Und man konnte mit der Hoffnung für die Zukunft und der Aufbruchstimmung der Zeit Josias noch einen Schritt weiter gehen: Mit dem Abzug der Assyrer aus Palästina war ein Machtvakuum entstanden, das der Füllung bedurfte. Jerusalemer Hofschreiber sahen in Josia denjenigen, der auf ein mit Juda vereinigtes Israel gestützt von Jerusalem aus das Vakuum ausfüllen könnte. Auch dieser Anspruch der Herrschaft über die Grenzen Judas und Israels hinaus von Ägypten bis zum Euphrat bedurfte der Legitimation, und man fand sie in der Idee, schon Salomo habe über ein solches Reich geherrscht, es gelte also nur wiederherzustellen, was schon im 10. Jh. vor der assyrischen Katastrophe Realität gewesen sei: Damit war im 7. Jh. die Idee eines Juda und Samaria umfassenden Reiches geboren. Die Abwehr kultureller Einflüsse Assyriens und der mit der politischen Loyalitätsforderung der Assyrer verbundenen religiösen Begründungsmotivik führte auch zu einer verstärkten Besinnung auf die eigene religiöse Identität, die im 7. Jh. an der Wiege des Buches Deuteronomium (5. Mose) stand, aus dem schließlich im 6.–5. Jh. die Mosebücher entstanden. So wurde im Deuteronomium der Loyalitätseid des assyrischen Königs Asarhaddon aus dem Jahre 672 v. Chr., den auch der judäische König Manasse als assyrischer Vasall schwören musste, subversiv rezipiert (*Deut* 13; 28), indem die Forderung absoluter Loyalität vom assyrischen König und Kronprinzen auf den judäischen Gott übertragen wurde. Die Besinnung auf die religiöse Identität Judas zeigte zur Zeit des Königs Josia Wirkung, als sich mit dem Abzug der Assyrer neue politische Spielräume eröffneten. Die den Autoren der Erzählung über die Kultreform des Königs Josia in 2 *Kön* 22–23 vorgegebenen Annalennotizen von Hofschreibern in 2 *Kön* 23,4–15 verzeichneten die Konsequenzen, die Josia um 622/21 v. Chr. in Gestalt einer Kultreform in der Stadt Jerusalem zog, indem er Kultgegenstände für die Götter wie Baal, der inzwischen von Norden kommend in Jerusalem Einzug gehalten hatte, und die als «Heer des Himmels» bezeichneten Götter aus dem Tempel von Jerusalem entfernen ließ, was anzeigt, dass bis dahin der Kult am Jerusalemer Tempel einer Vielzahl von Göttern gegolten hatte. Fast jeder Haushalt in Jerusalem besaß Fruchtbarkeitsidole und weibliche Figurinen, die die Göttin Aschera, die Partnerin des Gottes Jahwe, darstellten. Die in den Häusern gefundenen Statuetten (Abb. 14) dürften Abbilder eines entsprechenden Kultbildes im Jerusalemer Tempelbezirk gewesen sein, das Josia nun verbrennen ließ (2 *Kön* 23,4–5). Doch er ließ auch assyrische Kultrequisiten aus dem Tempel entfernen, so die Sonnenpferde und -wagen, die Requisiten assyrischer Divinationspraxis waren. Ihre Einführung seit dem 8. Jh. lag als Akt der Modernisie-

Abb. 14 (links) Weibliches Fruchtbarkeits-
idol aus Jerusalem
Abb. 15 (oben) Terrakottafigurine eines
Pferdes mit Sonnenscheibe aus Jerusalem

rung des Jerusalemer Tempelkults nahe, da, wie wir sahen, der
Jerusalemer Tempelkult von Anfang an mit einem Sonnengott-
aspekt des vorbiblischen Stadtgottes Schalem verbunden war
und im 8.–7. Jh. unter Manasse konsequent unter assyrischem
Einfluss solarisiert wurde. Ein Kultgebäude volkstümlicher Religionsausübung auf dem SO-Hügel, das in das 8.–7. Jh. zu datieren ist, war vom Tempel unabhängig und mit einer Felshöhle,
die als Favissa diente, verbunden. Sie enthielt eine größere Zahl
an Terrakottafigurinen von Pferden mit einer Sonnenscheibe auf
dem Haupt (Abb. 15), was die Verbreitung des Sonnengott-
kultes in Jerusalem unterstreicht. Die große Zahl von Ge-
brauchskeramik, die dort gefunden wurde, weist auf einen dort
auch ausgeübten Totenkult hin, so dass noch im 8. Jh. die mit
dem vorbiblischen Stadtgott Schalem verbundenen Sonnengott-
und Unterweltaspekte in diesem Heiligtum präsent waren.
Schließlich ließ Josia die als Kemarim bezeichneten Priester ara-
mäischer Provenienz entfernen, die in assyrischer Zeit im 7. Jh.
am Jerusalemer Tempel Fuß gefasst und dem Astralkult auf

Dachaltären des Tempels gedient hatten, die Josia ebenfalls beseitigte. Die Reformmaßnahmen Josias zielten also auf eine Reinigung des Jerusalemer Tempels und der Stadt Jerusalem von polytheistischem Kultinventar und damit verbundenem fremdem, vor allem assyrisch vermitteltem Kulteinfluss, der der national-religiösen Besinnung auf die Identität Judas und dem neu erwachten Freiheitsbewusstsein, das assyrische Joch abgeschüttelt zu haben, entgegenstand. Die priesterlichen Autoren der Urfassung des Deuteronomiums leiteten daraus das Programm einer Zentralisation des legitimen Jahwekultes für ganz Israel am Tempel von Jerusalem (*Deut* 12) ab, das sich in der nachexilischen Zeit soweit durchsetzen konnte, dass später jeder Versuch, in Samaria, Transjordanien oder Ägypten eine alternative jüdische Tempeltradition neben Jerusalem zu begründen, sich dem Vorwurf ausgesetzt sah, Frevel am Gott Jahwe zu sein. So wuchs der Jerusalemer Palastkapelle mit dem Programm einer israelweiten Zentralisation des Kultes am Tempel von Jerusalem eine neue Dimension der Bedeutung als Reichstempel für ganz Juda und Israel zu. Der Ausbau des Tempels vom 9.–7. Jh., der in der Josiazeit mit der Errichtung eines Kammerumgangs abgeschlossen (Abb. 12) und in dieser Gestalt dem Baubericht in 1 *Kön* 6–7 zugrunde gelegt wurde, zeigt, dass der im Kultzentralisationsprogramm des Deuteronomiums zum Ausdruck kommende Bedeutungszuwachs des Jerusalemer Tempels schon eine Vorgeschichte in der Königszeit hatte, die die Bibel vor allem mit dem König Hiskia verbindet. Doch zugunsten der literarischen Stilisierung Salomos in josianischer Zeit zum Erbauer des Tempels in der Gestalt, die er erst im 9.–7. Jh. gewonnen hatte, mussten alle konkreten Nachrichten über die Geschichte des Tempels zwischen dem 10. und 7. Jh. in den Königsbüchern unterdrückt werden, so dass Annalennotizen über den Ausbau der kleinen salomonischen Palastkapelle zu dem großen Tempelgebäude, das dem Baubericht in 1 *Kön* 6–7 zugrunde liegt, wie auch jeder Hinweis auf die religionshistorischen Impulse, die dem Ausbau im 9.–7. Jh. zugrunde lagen, fehlen. Die Autoren der Königsbücher sicherten ihr Programm eines josianischen Großreichs nicht nur dadurch ab, dass sie es als schon zur Zeit Davids und Salomos realisiert in eine idealisierte Vergangenheit projizierten, sondern in 2 *Kön* 23 den ihnen in Annalennotizen vorgegebenen auf Jerusalem zentrierten Bericht der josianischen Kultreinigung auf ganz Juda und noch auf Bethel, das ehemalige Reichsheiligtum des Nordreichs Israel in dem nun von den Assyrern befreiten Gebiet, ausdehnten.

Den Wohlstand im Jerusalem des 7. Jh. bezeugen einige auf dem SO-Hügel neu gebaute Hausanlagen. In die gestufte Steinkonstruktion, die im 10. Jh. der Verstärkung des Terrassierungssystems aus dem 13.–11. Jh. diente, wurden nun Terrassen eingesenkt, auf die mehrere Häuser von großbürgerlichem Charakter gebaut wurden (Abb. 16). Auf der oberen Terrasse wurde ein Haus von ca. 8 m Tiefe und 8,7 m Breite mit verputzten Wänden und Fußböden errichtet, an das sich ein Nebengebäude von 5 × 4 m anschloss, das in drei Räume unterteilt war. Es wurde von den Ausgräbern als «Haus des Ahiel» bezeichnet, weil darin zwei Ostraka gefunden wurden, die einen Mann namens

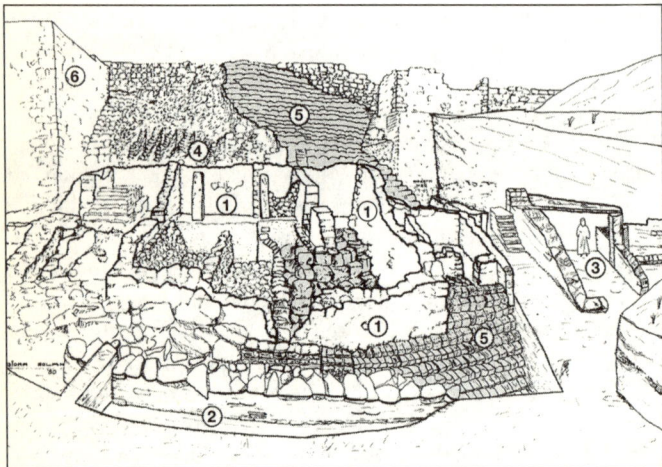

Abb. 16 Haus des Ahiel (1), Haus der Bullae (2), Haus mit verbranntem Holz (3), Substruktion des 13.–11. Jh. (4), ihre Ummantelung durch die gestufte Steinkonstruktion des 10. Jh. (5), Macalister-Turm des 2. Jh. (6)

Ahiel erwähnen. 37 Vorratskrüge des 7. Jh., die im Nebengebäude gefunden wurden, lassen vermuten, dass hier mit Öl und Getreide gehandelt wurde. Auf den hohen Lebensstandard der Bewohner dieser Häuser weist ein privater Toilettenraum mit einem aus Kalkstein ausgehauenen Sitz und darunter liegender Sickergrube. In einem sich anschließenden Haus wurde verkohltes Holz gefunden, das nicht nur von der aus einheimischem Holz von Pistazienbäumen gezimmerten Dachkonstruktion stammte, sondern auch von Buchsbaumholz, das für den Bau von Möbeln aus Nordsyrien importiert worden war. Auf einer Terrasse tiefer lag ein Haus mit ebenfalls verputzter Rückwand und Fußboden, in dem eine Gruppe von 45 beschrifteten Bullae (Stempelsiegel) gefunden wurde, die dem Gebäude den Namen «Haus der Bullae» gaben. Offensichtlich wurden hier gesiegelte Dokumente in größerer Zahl aufbewahrt. Der unter den Siegelinhabern genannte Gemarjahu ben Schafan (Kap. 5) könnte als Beamter des Königs Jojakim in diesem neuen Viertel auf dem SO-Hügel gewohnt und das Dokument einer Transaktion als Zeuge gesiegelt haben. Auch ein Azarjahu ben Hilkijahu ist mit einem Siegelabdruck vertreten. Er hat nach 1 *Chr* 5,39–40; 9,11 im 7. Jh. als einer der zadokidischen Priester den Dienst am Jerusalemer Tempel versehen. Weiter südlich wurde ein größeres Haus von 12 × 13 m mit bis zu 80 cm starken Mauern aus dem 7. Jh. freigelegt. Es hatte wohl als öffentliches Gebäude gedient und zeigt noch deutlich Spuren der Zerstörung durch die Babylonier 587/86 v. Chr.

Die im 7. Jh. als Zentrum des josianischen Staates neu gewonnene Bedeutung Jerusalems veranlasste Josia, die im 8. Jh. entstandene Neustadt auf dem SW-Hügel in die Stadtbefestigung einzubeziehen. In Ausgrabungen in der Jüdischen Altstadt wurde auf 65 m Länge eine massive Stadtmauer von 6–7 m Stärke freigelegt, die den Konturen des Hügels folgend Teil der Befestigung der militärisch besonders gefährdeten Nordflanke der Neustadt war (Abb. 17). Unter dieser Stadtmauer wurden Häuser des 8. Jh. gefunden, die für die neue Mauer eingeebnet werden mussten. Die Ausdehnung aber der Stadtbefestigung auf dem SW-Hügel nach Westen und Süden bleibt trotz zahlreichen

Abb. 17 Die im Jüdi-
schen Viertel frei-
gelegte Stadtmauer
des 7. Jh. mit einer
Stärke von 6–7 m

Grabungen in diesem Teil der Stadt in den letzten 40 Jahren wieder zwischen «Neominimalisten» und «Neomaximalisten» strittig. Die Letzteren vertreten die These, dass der gesamte SW-Hügel im Westen etwa auf der Linie der Westmauer der heutigen Altstadt, im Süden aber weit darüber bis zum Hinnomtal ausgreifend durch eine Stadtmauer gesichert war, die durch das Zentraltal verlief und sich am Südende des SO-Hügels mit der dortigen Stadtmauer traf (Abb. 18). Die neominimalistische Gegenposition kann für sich in Anspruch nehmen, dass in maximalistischer Rekonstruktion die Stadtmauer des 7. Jh. ein größeres unbewohntes Gebiet eingeschlossen haben müsste. Eine derartig unnötige Überdehnung der Stadtmauer, deren Linienführung auf den Schutz durch das Zentraltal verzichtet hätte, ist wenig plausibel. Schließlich zeigen die Ausgrabungen auf dem SW-Hügel, dass er im 8.–7. Jh. nur recht schwach besiedelt gewesen war, so dass in dieser Zeit mit einer Gesamtbevölkerung

von 6000–8000 Menschen in Jerusalem zu rechnen ist. Anstatt
gegen den archäologischen Befund die Bevölkerungszahl auf
25 000 Einwohner hochzurechnen, um die Bemannung von
3,5 km Stadtmauer zu erklären, hat eine kürzere Mauerführung
mehr Plausibilität. So viel ist deutlich, dass damals die Westmauer der Neustadt östlich der Westmauer der heutigen Altstadt verlaufen sein musste, da Grabungen an der heutigen Altstadtmauer keinerlei Spuren einer vorhellenistischen Stadtbefestigung ergeben haben. Mauerreste im Bereich der Zitadelle, die
Zerstörungsspuren von 587/86 v. Chr. zeigen, gehen auf ein
Vorwerk der Westbefestigung der Neustadt zurück. Nur Teile
der Besiedlung des SW-Hügels wurden also im 7. Jh. durch eine
Mauer geschützt, die im Norden parallel zum Kreuztal unterhalb des Höhenkammes des SW-Hügels nach Westen verlief und

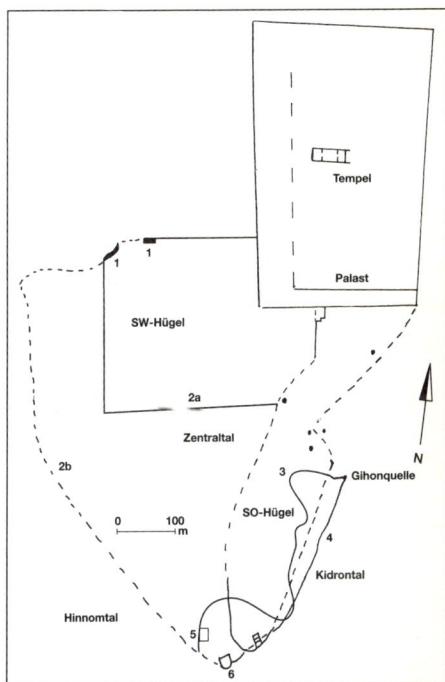

Abb. 10 Jerusalem im
8.–7. Jh. mit Stadtmauer
der Grabungen im
Jüdischen Viertel (1),
rekonstruierter Mauer-
führung um die Neu-
stadt in minimalisti-
scher (2a) und maxima-
listischer Sicht (2b),
Hiskia-Tunnel (3),
Siloa-Kanal (4), obe-
rem Siloa-Teich (5),
unterem Siloa-Teich (6)

im Süden etwa auf der Höhe der SW-Ecke des heutigen Tempelplatzes wieder auf die Stadtmauer des SO-Hügels traf.

Die Frage nach dem Umfang der befestigten Stadt ist nicht
nur von Bedeutung zur Berechnung der Einwohnerzahlen, sondern auch für die Lokalisierung der Nekropolen, die stets außerhalb der Stadtbefestigungen lagen und insofern umgekehrt auch
indirekte Hinweise auf den Stadtmauerverlauf im eisenzeitlichen Jerusalem geben können. Seit dem 8. Jh. wurde der SW-
Hügel durch Nekropolen umgeben. So ist eine größere Zahl
eisenzeitlicher Gräber westlich des heutigen Jaffatores im Hinnomtal sowie nördlich des Kreuztales noch über die Nordmauer
der heutigen Altstadt hinaus bekannt, unter ihnen das Garten-
grab, das seit dem 19. Jh. von anglikanischen Christen alternativ zur Tradition der Grabeskirche (Kap. 9) als Grab Jesu verehrt wird. Ein von A. Kloner entdecktes Grab am SW-Abhang
des SW-Hügels gibt einen guten Eindruck von der Begräbnis-
praxis in Jerusalem im 8.–7. Jh. Auf den Bänken des Grab-
raumes lagen Leichen, an deren Köpfen Öllampen und zu deren
Füßen Krüge aufgestellt waren. In der Mitte des Raumes lag
eine größere Anzahl von Knochen zusammen mit Keramikge-
fäßen, Schmuck und Siegeln, die von früher Verstorbenen her-
rührten, die für die Nachfolger von den Bänken geräumt worden waren. Den Toten wurden also die persönlichen Siegel mit
ins Grab gegeben. Das Siegel einer Frau, «Hamjohel, Tochter
des Menachem», ist aufgrund des Schrifttypus in die Zeit zwischen 850 und 750 v. Chr. zu datieren. Eine Untersuchung der
Skelettknochen ergab, dass in der Grabanlage insgesamt 43 Per-
sonen, darunter 17 Kinder und Jugendliche, begraben waren.
Ein Drittel der dort Begrabenen waren jünger als sechs Jahre
und hatten teilweise an Unterernährung gelitten.

Im Gegensatz zu den Gräbern der Nekropolen um den SW-
Hügel vom Typus des beschriebenen Bank-Grabes, das jeweils
wiederverwendet wurde und einfacheren Bevölkerungsschichten
in der Stadt Jerusalem als Begräbnisstätte diente, lag auf dem
Westabhang der südlichen Ausläufer des Ölbergs östlich gegenüber der Gihon-Quelle im heutigen Dorf Silwan (Abb. 1) eine
eisenzeitliche Nekropole (Abb. 19) aufwändig gestalteter Grä-

Abb. 19 Felsgräber in Silwan,
die durch neuzeitliche Häuser überbaut wurden

ber, unter anderem von Arkosolgräbern, in denen der Tote auf
eine Bank eines Felsgrabes unter einem in den Felsen geschlagenen Bogen (Arkosol) gelegt wurde. Dieser Grabtypus diente
häufiger der Einmalbestattung und wurde von der Oberschicht
in Jerusalem genutzt. D. Ussishkin, der 50 Gräber dieser Nekropole beschrieben hat, hebt einen Typus dieser Gräber mit einem
Giebeldach heraus, der phönizisch beeinflusst sei, so dass sie in
die Zeit der mit Phönizien engen Kontakt pflegenden Könige
Joram und Ahasja sowie der Atalja zwischen 851–836 v. Chr. zu
datieren seien. Dass ein Viertel dieser Gräber unvollendet blieb
und nicht mehr genutzt wurde, sei auf den Umsturz des Pries-
ters Jojada (2 *Kön* 11) zurückzuführen. Da aber in Phönizien
zeitgenössische Gräber dieses Typs nicht nachgewiesen sind,
hängt die Argumentation, Gräber dieses Typs seien von Phöniziern zur Zeit prophönizischer Herrscher in Jerusalem gebaut
worden, in der Luft. Vielmehr handelt es sich um genuin judäische Gräber, die einige ägyptische und phönizische Stilmerkmale aufweisen. In den Felsen geschlagene monolithische Grab-
denkmäler zeigen, dass die Baumeister auch unter ägyptischem
Einfluss standen, der, wie die ägyptisierend-anthropoiden (men-

schengestaltigen) Särge in diesen Gräbern zeigen, auch von ihren Auftraggebern aus der Jerusalemer Oberschicht goutiert wurde. Auf die Gräber des Giebeldeckentypus folgten Gräber des genuin judäischen Flachdachtypus ohne fremde Einflüsse, der auch in den anderen Nekropolen des eisenzeitlichen Jerusalem belegt ist. Der Verzicht auf internationale Bau- und Stilmerkmale deutet auf die auch literarisch bezeugte Rückbesinnung der judäischen Führungsschicht auf die eigene kulturelle Identität im 7. Jh. Dass es sich in Silwan um Gräber der Jerusalemer Führungsschicht handelt, wird durch eine Grabinschrift aus dem ausgehenden 8. oder frühen 7. Jh. bestätigt, die als Grabherrn einen hohen Beamten mit dem Titel eines «Haushofmeisters», der dem Palast und der Familiengemeinschaft des Königs vorstand, nennt. Diesen Titel trägt nach *Jes* 22,15–16 auch Schebna, der Palastvorsteher des Königs Hiskia, von dem dort gesagt wird, er, Schebna, habe sich «hoch oben ein Grab aushauen, im Felsen sich eine Wohnung ausmeißeln» lassen. So ist das Grab des Palastvorstehers in der Nekropole von Silwan diesem Minister des Königs Hiskia zugeschrieben worden. Verifizieren lässt sich das aber nicht, da der Name des Grabherrn bis auf das theophore – sich auf Jahwe beziehende – Element *jahu* zerstört worden ist; eine Ergänzung zu Schebnajahu muss also hypothetisch bleiben. Die Inschrift soll Grabräuber fernhalten (Abb. 20):

«Dies ist (das Grab des) ... jahu, des Haushofmeisters. Hier ist kein Silber und kein Gold, nur seine Gebeine und die Gebeine seiner Frau (Dienerin) bei ihm. Verflucht sei jeder, der ...».

Abb. 20 Grabinschrift des Haushofmeisters

Die mit dem Minister begrabene Frau war eher seine Ehefrau, die ihrem Ehemann, dem Diener des Königs, Dienerin war, als, wie oftmals behauptet, eine Konkubine.

Ein besonderes Problem der Jerusalem-Archäologie ist die Suche nach den Königsgräbern der Daviddynastie in der Stadt. In den Königsbüchern sind Notizen zu den jeweiligen Begräbnisorten der judäischen Könige überliefert. So heißt es über David, er habe sich zu seinen Vätern gelegt und sei in der Stadt Davids begraben worden (1 *Kön* 2,10). Entsprechendes wird von seinen Nachfolgern berichtet, so dass es in der Stadt eine Königsnekropole gegeben haben muss, und zwar auf dem SO-Hügel, da der SW-Hügel bis zum 8. Jh. außerhalb der Stadt lag. Noch im 5. Jh. wusste man in der Stadt von einer Königsnekropole auf dem SO-Hügel (*Neh* 3,16). Bereits 1897 hatte der französische Palästinaforscher Ch. Clermont-Ganneau in einer genialen Kombination den S-förmigen Verlauf des Hiskia-Tunnels mit der Lokalisierung der Königsnekropole auf dem SO-Hügel, die nicht durch den Tunnel untergraben werden sollte, in Verbindung gebracht. Nachdem die Suche von J. Bliss und A. C. Dickie nach den Königsgräbern erfolglos geblieben war, konnte R. Weill im Südabschnitt des SO-Hügels eine außergewöhnliche Anlage freilegen, die er als Königsgräber der Daviddynastie interpretierte. Die Anlage hat durch Steinbrucharbeiten in römischer Zeit, als der SO-Hügel nach der Zerstörung der Stadt durch Titus 70 n. Chr. nicht mehr besiedelt war, erheblich gelitten. Schwierig ist die Interpretation von zwei Stollen, die waagerecht in den ansteigenden Felsen geschlagen worden waren, dessen längerer eine Tiefe von 16,5 m hat. Der Zugang zu diesen Stollen ist durch die Steinbrucharbeiten abgeschlagen worden (Abb. 21). Am Ende des Schachtes war ein Trog in den Felsen eingelassen, und in einer zweiten Phase der vordere Teil des Schachtes auf 9 m Länge eingetieft, um durch eine Holzdecke ein zweites Stockwerk zu gewinnen. Südlich davon konnte R. Weill eine weitere Anlage ausgraben, die eindeutiger als ein Grab mit phönizischem Einfluss zu deuten ist. K. M. Kenyon wollte die Schächte als Zisternen interpretieren, doch sind sie – waagerecht in den Felsen geschlagen – für diese Funktion

Abb. 21 Die vermuteten Königsgräber auf dem SO-Hügel

eher ungeeignet. Andere haben die Schächte als Gräber mit
ägyptischem Einfluss interpretiert, so dass sich eine ähnliche
Mischung der ägyptischen und phönizischen Fremdeinflüsse
wie in der Silwan-Nekropole zeige. Gegen die These, dass es
sich um Königsgräber handeln soll, spricht allerdings die im
Verhältnis zu den Silwan-Gräbern grobe Steinmetzarbeit, was
die Frage stellen lässt, warum die Königsgräber schlechter
als die der Untertanen des Königs gearbeitet sein sollten –
möglicherweise weil die Anlage auf dem SO-Hügel früher als
die Gräber des 8. Jh. in Silwan angelegt wurden. Auch nach
mehr als einhundert Jahren Ausgrabungstätigkeit auf dem SO-
Hügel ist die Lokalisierung der Königsgräber nicht eindeutig
geklärt.

Nach dem Untergang des assyrischen Reiches, den die Erstürmung der Stadt Ninive durch Babylonier und Meder 612 v. Chr.
besiegelte, entwickelte sich die weltpolitische Lage anders, als
es in Jerusalem unter Josia erwartet worden war. Die Ägypter
erschienen auf der politischen Bühne und erneuerten ihren
Herrschaftsanspruch auf Palästina. Die Hoffnung zur Zeit des
Königs Josia, man werde von Jerusalem aus die Landbrücke
zwischen Ägypten und Syrien beherrschen können, zerplatzte

wie eine Seifenblase. Die Ägypter griffen in die letzten Kämpfe des untergehenden assyrischen Reiches ein, um ein Erstarken der Babylonier zu verhindern. 609 v. Chr. zog ein ägyptisches Heer nach Norden und eroberte die Stadt Harran in Syrien, um dort einen assyrischen Herrscher einzusetzen. Auf dem Weg nach Norden töteten die Ägypter den König Josia, den man in Jerusalem als neuen David und Reichserneuerer gefeiert hatte. Möglicherweise war Josia von den Ägyptern in eine Falle gelockt worden. 605 v. Chr. kam es dann bei Karkemisch zur Entscheidungsschlacht zwischen den Ägyptern und den Babyloniern unter Führung des Kronprinzen Nebukadnezar, die die Ägypter verloren. Auch deren Erwartung, sie könnten wie im 2. Jahrtausend wieder über Palästina herrschen, erwies sich als trügerisch. Stattdessen herrschten hier nun die Babylonier. Die Ägypter hatten den König Joahas (609 v. Chr.) als Nachfolger Josias vom Thron gejagt und Jojakim (608–598 v. Chr.) als König eingesetzt. Einige Jahre agierte dieser nun auch als babylonischer Vasall, bis er, der sich noch den Ägyptern verpflichtet fühlte, auf Rebellion gegen die Babylonier sann. 598 v. Chr. erfolgte die militärische Reaktion der Babylonier, die Jerusalem erstmals belagerten. Während der Belagerung starb Jojakim, und sein Sohn Jojachin (598–597 v. Chr.) kam auf den Thron. Er öffnete den Babyloniern die Tore der Stadt, die trotz der Unterwerfungsgeste geplündert und deren Befestigung der Neustadt geschleift wurde. Der König und Angehörige der Führungselite, unter ihnen der Priester Ezechiel, wurden nach Babylonien verbannt und Zedekia (597–587 v. Chr.) in Jerusalem als König eingesetzt. In der Hoffnung auf Unterstützung durch die Ägypter sann auch er bald wieder auf Rebellion. In Erwartung eines erneuten Angriffs der Babylonier erneuerte er die Befestigung der Nordflanke der Neustadt auf dem SW-Hügel, der Schwachstelle in der Befestigung der Stadt, und verstärkte sie durch Türme, die der Mauer vorgelagert waren. Unter Führung des Großkönigs Nebukadnezar II. erschien 589 v. Chr. das babylonische Heer vor den Mauern Jerusalems. Anderthalb Jahre konnte die Stadt den Angriffen der Übermacht standhalten. Die Ausgrabungen der Nordbefestigung der Neustadt zeigen noch

die Kampfspuren. Pfeilspitzen aus Eisen, die von den judäischen
Verteidigern abgeschossen worden waren, lagen neben solchen
aus Bronze der babylonischen Angreifer in Haufen von verkohltem Holz und Asche babylonischer Belagerungsrammen, die die
Verteidiger in Brand gesetzt hatten. Am Ende durchbrachen die
Babylonier im Sturm auf den SO-Hügel die Mauern im Süden
der Stadt (2 *Kön* 25,4) und nahmen sie ein. Einen Monat später begann die totale Zerstörung Jerusalems einschließlich des
Tempels (2 *Kön* 25,8–17). In fast allen Grabungen auf dem SO-
und SW-Hügel wurden Zeugnisse der Feuersbrunst sichtbar.
K. M. Kenyon legte am Macalister-Turm ein breites Aschenband
frei, das die Hitze anzeigt, mit der die hölzernen Dachkonstruk-
tionen der in die gestufte Steinkonstruktion einterrassierten
Häuser verbrannten. In einem dieser Häuser wurden in Y. Shi-
lohs Grabung beträchtliche Mengen an verkohltem Holz von
Dachbalken und Möbeln gefunden (Abb. 16). Auch in einem
großen Gebäude des 8./7. Jh., das von B. Mazar nahe dem heutigen Tempelbezirk ausgegraben wurde, sind Spuren starker
Zerstörung gefunden worden. Die Mauern Jerusalems wurden
von den Babyloniern geschleift, was nach sich zog, dass die auf
Terrassen gestützte Besiedlung auf dem SO-Hügel ihre Verankerung verlor und in das Kidrontal abrutschte, das noch fast anderthalb Jahrhunderte später Nehemia dort nur zu Fuß, nicht
aber auf einem Reittier passieren konnte.

Schriften der Bibel, die von Autoren aus dem Kreis der von
den Babyloniern 597 und 586 v. Chr. ins Exil geführten Priester und Schreiber stammten, erwecken den Eindruck, dass die
Mehrheit des Volkes in die Verbannung gegangen, im Lande
aber nur eine bäuerliche Restbevölkerung übrig geblieben sei.
Das war die interessengeleitete Sicht der vom Exil Betroffenen,
die die assyrische Deportationspraxis in die babylonische Zeit
projizierten, um sich selbst als das legitime «Israel» im Gegensatz zu den Daheimgebliebenen zu erklären. Die zweite Deportation von 586 v. Chr. beschränkte sich auf die Bewohner der
von den Babyloniern vollständig zerstörten Stadt Jerusalem,
während die Landbevölkerung weitgehend unbehelligt im Land
verblieb. *Jer* 52,28–30 nennt die realistische Zahl von 4600 Exi-

lierten, die die Jerusalemer Elite der priesterlichen Schriftgelehr-
ten einschloss. Mit der Zerstörung des Tempels von Jerusalem verlor Juda aber sein kultisches Zentrum. Stattdessen
rückte nun das zerstört daliegende Jerusalem literarisch in das
Zentrum der im Exil aufblühenden Literatur, die die Tür zur
Entwicklung der jüdischen Religion von einer Kultreligion zur
Buchreligion öffnete, in der Jerusalem vom Zentralort des Op-
ferdienstes am Reichsheiligtum literarisch zum Kristallisations-
ort göttlichen Gerichts und Hoffnung auf einen Neubeginn der
Geschichte Gottes mit seinem Volk wurde. So konnte Jerusalem
in der Literatur zur «Heiligen Stadt» aufsteigen (*Jes* 48,2; 52,1),
die Gott «meine Stadt» genannt haben (*Jes* 45,13) und die als
«Jahwes Gründung» verherrlicht werden sollte (*Jes* 14,32). Neben die politische Bedeutung Jerusalems für die Judäer trat die
religiöse und ersetzte jene für lange Zeit.

538 v. Chr. traten die Perser unter Kyros II. (559–530 v. Chr.)
nach der Einnahme der Stadt Babylon das Erbe des neubabylo-
nischen Reiches an und wurden so für zwei weitere Jahrhunderte zur Hegemonialmacht über Juda, das mit dem Abbruch
des Königtums 587 v. Chr. durch die Babylonier seine Eigen-
staatlichkeit bis ins 2. Jh. verlor.

7. Der Wiederaufstieg Jerusalems von einer Kleinstadt zum Zentrum des Weltjudentums im 5.–1. Jahrhundert v. Chr. in persischer und hellenistischer Zeit

Die Ausgrabungen auf dem SW-Hügel zeigen, dass nach der
Zerstörung der Neustadt durch die Babylonier im 6. Jh. dieser
Teil Jerusalems in Trümmern liegen blieb und erst im 3. Jh. wie-
der besiedelt wurde. Die Bebauung auf dem SO-Hügel kon-
zentrierte sich nun wieder wie vom 18. bis zum 8. Jh. auf den
schmalen Bergrücken, während am südlichen Ostabhang sich
Steinbrüche in die zerstörten Wohngebiete der vorexilischen
Zeit fraßen.

Bereits 538/37 v. Chr. soll nach der Überlieferung aus dem
3. Jh. Kyros II. den Wiederaufbau des Tempels und die Rück-
gabe des von den Babyloniern geraubten Tempelgeräts befohlen
haben (*Esr* 6,3–5). Doch erst unter dem persischen König Darius I. (522–486 v. Chr.), der an einer Stabilisierung der Macht-
verhältnisse in Palästina als Landbrücke nach Ägypten, das 525
v. Chr. von Kambyses erobert worden war, interessiert war, soll
520 v. Chr. mit dem Wiederaufbau des Jerusalemer Tempels, des
Zweiten Tempels, begonnen worden sein (*Hag* 1,15), dessen
Vollendung auf das Jahr 515 v. Chr. datiert wurde (*Esr* 6,15).
Auch wenn eine Bauzeit von nur fünf Jahren wenig realistisch
ist, so ist doch nicht zu bezweifeln, dass im 5. Jh. der Tempelkult wiederaufgenommen wurde. Die Zerstörung des Ersten
Tempels ließ nicht die Kenntnis seiner Lage abbrechen, kamen
doch während der Exilszeit Pilger zu den Ruinen und brachten
dort Opfergaben und Weihrauch dar (*Jer* 41,5). Der Traditions-
kontinuität entsprach auch die der Architektur. Nach *Esr* 6,3.7
soll der Zweite Tempel auf den Fundamenten des Ersten errichtet worden sein. Das Allerheiligste in der Gestalt des Ersten
Tempels, die Lade als Thronuntersatz und der Cherubenthron
fehlten allerdings im Zweiten Tempel. Stattdessen blieb das nur
durch einen Vorhang von der Haupthalle abgetrennte Allerheiligste leer. In der Haupthalle stand der siebenarmige Leuchter,
der 70 n. Chr., wie der Titusbogen in Rom zeigt, von den Römern geraubt wurde. Wie der Erste soll auch der Zweite Tempel
zwei Vorhöfe (*Sach* 3,7; *Neh* 13,7) gehabt haben. Jede archäologische Verifikation auch dieses Tempels ist aus naheliegenden
Gründen ausgeschlossen. Strittig diskutiert wird aber die Frage,
ob an der südlichen Umfassungsmauer des heutigen Tempelbezirks noch Reste der SO-Ecke der Umfassungsmauer des Zweiten Tempels zu sehen sind. 32 m nördlich der SO-Ecke des heutigen Tempelbezirks ist die Fuge unterschiedlichen Mauerwerks
zu erkennen (Abb. 22). Das südlich anschließende Mauerwerk
mit flachen Bossen ist typisch herodianisch, während das nörd-
liche mit hohen Bossen eine Parallele im Eschmun-Tempel von
Sidon aus persischer Zeit haben soll. Einer Datierung dieses
Stücks der Tempelumfassungsmauer in persische Zeit wider-

Abb. 22 Hellenistisches (rechts) und herodianisches Mauerwerk der SO-Mauer des Tempelplatzes

sprechen aber neuere Analysen hellenistischer Bautechnik, so dass das Mauerfragment entweder mit einer Befestigung des Tempelbezirks durch den Hohepriester Simeon, Sohn des Johanan (*Sir* 50,1–2), im frühen 2. Jh. zu verbinden ist oder aber wahrscheinlicher mit Steinwerk aus der seleukidischen Festung der Akra, die südlich des perserzeitlichen Tempelbezirks im Bereich der heutigen Aksa-Moschee lag und 141 v. Chr. von den Hasmonäern zerstört wurde, die deren Steine für eine Erweiterung des Tempelbezirks des 5. Jh. nach Süden wiederverwendeten.

Jerusalem blieb in persischer Zeit als politisches Zentrum der persischen Provinz Jehud eine auf den SO-Hügel beschränkte Kleinsiedlung von kaum mehr als tausend Bewohnern, die auf die Größe ihrer Gründungszeit im 18. Jh. zurückgeworfen worden war, nun aber noch nach der Schleifung der Stadtbefestigung ohne Mauern erstmals eher Dorf als Stadt zu nennen wäre, wenn nicht inzwischen der Tempel, der ihr überregionale Bedeutung für das Judentum verlieh, wieder errichtet worden wäre. Die Palastanlage der judäischen Königszeit aber blieb ohne Nachfolgebau, da es keinen König mehr in Jerusalem gab. Vielmehr unterstand die Provinz Jehud verwaltungstechnisch einem Statthalter in persischen Diensten. Der persische Groß-könig Artaxerxes I. (465–425 v. Chr.) musste nach Aufständen in Babylonien und Ägypten zur Zeit seines Vorgängers Xerxes I. (486–465 v. Chr.) die politische Situation in Palästina als Verbindung zu Ägypten stabil halten und schickte deshalb 445 v. Chr. Nehemia, der als Jude am persischen Hof den Rang eines Ministers bekleidete, nach Jerusalem, um die Macht der einheimischen Aristokratie zurückzudrängen und die persische Verwaltung der Provinz Jehud mit Zentrum in Jerusalem zu stärken, unter anderem durch eine Besatzung für die Festung der Bira, die Nehemia begleitete. Bei seiner Ankunft in Jerusalem soll er als Erstes die Mauern der zerstörten Stadt inspiziert haben, um ihren Wiederaufbau vorzubereiten:

«So kam ich (Nehemia) nach Jerusalem und verweilte dort drei Tage. Dann stand ich nachts auf und machte mich mit einigen Männern auf den Weg, ohne jemandem zu verraten, was mir mein Gott ins Herz gegeben hatte, für Jerusalem zu tun; auch hatte ich außer dem Tier, auf dem ich selbst ritt, kein anderes dabei. Und ich ging in der Nacht durch das *Taltor* hinaus in Richtung auf die *Drachenquelle* und zum *Misttor* und inspizierte dabei die Mauern Jerusalems, wo sich Breschen befanden und ihre Tore vom Feuer zerstört waren. Dann ging ich zum *Quelltor* und zum *Königsteich* hinüber. Doch für das Tier, das ich ritt, war kein Durchkommen mehr; so ging ich in der Nacht im Tal aufwärts und untersuchte die Mauer. Dann kehrte ich um, ging wieder durch das Taltor hinein und kam so zurück» (*Neh* 2,11–15).

Nehemias Ritt soll am *Taltor*, auf der Westseite des SO-Hügels, begonnen haben (Abb. 23). Eine Lokalisierung dieses Tores auf den SW-Hügel ist nach den Ausgrabungen auf diesem Hügel, der in persischer Zeit des 6.–3. Jh. nicht besiedelt war, auszuschließen. Vielmehr lag das Taltor als Vorläuferbau in der Nähe des von J. Crowfoot ausgegrabenen Tores aus dem 2. Jh. und war Teil der Westbefestigung auf dem SO-Hügel. Von dort wendet sich Nehemia der *Drachenquelle*, d. h. der Rogel-Quelle südlich der Einmündung des Hinnom- in das Kidrontal, und darauf dem *Misttor* am Südende des SO-Hügels zu. Das Quell-

tor wird in *Neh* 3,15 und 12,37 in der Nähe der «Stufen, die
von der Davidstadt herabführen» am S-Sporn des SO-Hügels
lokalisiert. Eine derartige Treppenanlage ist von R. Weill
1923/24 freigelegt worden (Abb. 7). Mit der Treppe ist ein
kleines Tor verbunden, das möglicherweise mit dem *Quelltor*
oder einem Nachfolgebau identifiziert werden kann. Die Trüm-
mer der von den Babyloniern 587/86 v. Chr. zerstörten Häuser
am Ostabhang des SO-Hügels, die in das Kidrontal abgerutscht
waren, versperren nun Nehemias Reittier das Fortkommen, so
dass er den weiteren Weg Tal aufwärts zu Fuß gehen muss, ehe
er durch das Zentraltal wieder zum Taltor kommt.

Dieser Inspektionsritt sollte der Vorbereitung der Instandsetzung der 586 v. Chr. zerstörten Stadtmauer auf dem SO-Hügel
gedient haben, die in 52 Tagen abgeschlossen worden sein soll
(*Neh* 2,11 3,38). Wie jüngste Ausgrabungen zeigen, hat Nehemia nicht eine neue Mauer gebaut, sondern die 586 v. Chr. von
den Babyloniern zerstörte Mauer repariert. Das entspricht auch
dem Baubericht in *Neh* 3, der nicht
einen Neubau, sondern die Repara-
tur einer Stadtbefestigung beschreibt.
Der Bericht dieser Instandsetzung
zeichnet mit dem Schafs- und Fischtor, den Türmen der Hundert und
des Hannanel im Norden, dem Jesanator, der «großen Mauer», dem
Ofenturm und dem Taltor auf der
Westseite sowie dem Mist-, Quell-
und dem Wassertor im Süden und
Osten ein recht detailliertes Bild von
Jerusalem im 5. Jh. (Abb. 23). Die
Türme der Hundert und des Hanna-

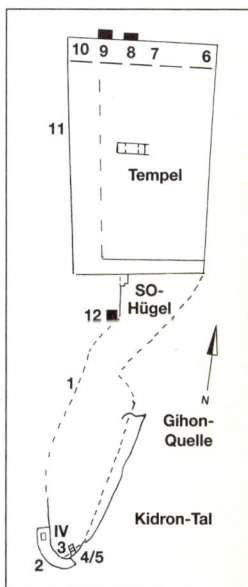

Abb. 23 Jerusalem im 5.–4. Jh. mit Taltor (1),
Drachenquelle (2), Misttor (3), Quelltor (4),
Stufen zur «Davidsstadt» (5), Schafstor (6),
Fischtor (7), Turm der Hundert (Bira) (8),
Turm des Hannanel (Bira) (9), Jesanator (10),
großer Mauer (11), Ofenturm (12)

nel in der Nordbefestigung der Stadt bildeten die Zitadelle der Bira (*Neh* 7,2), die die Stadt nach außen an ihrer Nordseite, der militärischen Schwachstelle, schützen und nach innen die Herrschaft des persischen Statthalters sichern sollten und damit Vorläufer der Festungen der ptolemäischen Akra, der hasmonäischen Baris und herodianischen Antonia wurden.

Die Ausgrabungen auf dem SW-Hügel haben der Zwei-Hügel-Theorie der Maximalisten, die damit rechneten, dass die Nehemia-Mauer auch den SW-Hügel umfasst habe, mit dem Aufweis, dass der SW-Hügel in dieser Zeit nicht besiedelt war, den Boden entzogen. Doch plötzlich wird dennoch diese These wieder von Vertretern eines vorexilischen Minimums vertreten, die das judäische Jerusalem bis zum 8. Jh. als unbefestigte Dorfsiedlung auf dem SO-Hügel interpretieren, so dass SO- und SW-Hügel im 8. Jh. in einem Zuge befestigt worden seien. Dann hätte es keiner Westmauer auf dem SO-Hügel bedurft, so dass, sollte Nehemia vorgefundene Mauern repariert haben, die Westmauer die des SW-Hügels gewesen sein müsste. Entsprechend wird das von J. Crowfoot ausgegrabene Tor zu einer Terrassierung umgedeutet. Doch wenn die Oberstadt auf dem SW-Hügel zwischen dem 6.–3. Jh. unbesiedelt war, so ergibt es wenig Sinn, eine Mauer von mehreren Kilometern Länge zu reparieren und bei Bedarf zu verteidigen, wenn es dort außer Trümmern nichts zu verteidigen gab.

Nehemias Mauerbau war Teil eines Programms zur Stärkung Jerusalems als persisches Verwaltungszentrum der Provinz Jehud. Aufgrund der geringen Bevölkerungszahl konnte Jerusalem seiner Funktion, politisches Zentrum der Provinz zu sein, nicht gerecht werden. So soll Nehemia eine Umsiedlungsaktion in der Art eines Synoikismus, einer Zusammensiedlung, befohlen haben, die alle Geschlechtsoberhäupter und zehn Prozent der Landbevölkerung zwang, in Jerusalem zu wohnen (*Neh* 7,4–72; 11,1–24). Wenn die Nehemia-Erzählung aus dem 5. Jh. aber von Jerusalem als der Heiligen Stadt sprach (*Neh* 11,18), so zeigt sich, dass die Bedeutung der Stadt nicht nur auf der von Nehemia gestärkten politischen Funktion als Zentrum der Provinz Jehud beruhte, sondern auch darauf, dass sie religiöser

Mittelpunkt für das weltweite Judentum in der babylonischen und ägyptischen Diaspora war, dem Lebensraum der fern von Jerusalem wohnenden Juden. Doch das Auseinanderklaffen zwischen dem politischen Jerusalem, das trotz Nehemias Maßnahmen eine Kleinstadt von wenigen tausend Einwohnern blieb, und der internationalen Bedeutung als Zentrum für das im Entstehen begriffene Weltjudentum war unübersehbar. Wieder war wie schon in der Exilszeit die Spannung zwischen äußerer politischer Realität und religiösen Ideen ein fruchtbarer Boden für die theologische Schriftgelehrsamkeit, zu deren Zentrum Jerusalem wieder wurde. Priesterliche Kreise, die sich auf Mose und seinen Bruder Aaron beriefen, vollendeten in Jerusalem die Mosebücher, andere, die sich auf die Propheten Jesaja, Jeremia oder Ezechiel beriefen, redigierten hier die nach diesen Propheten benannten Bücher. Psalmen wurden ebenso gesammelt wie die Weisheitssprüche. So fand eine intensive religiöse Literatenkultur Heimat in Jerusalem.

Im Übergang vom 5. zum 4. Jh. kam um 398/97 v. Chr. zur Zeit des persischen Königs Darius II. (424–404 v. Chr.) der Priester Esra im Auftrag der babylonischen Diasporagemeinden und mit persischer Vollmacht ausgestattet nach Jerusalem, um der Tora, dem Gesetz des Mose, bei den Juden der persischen Satrapie Transeuphratene in Syrien und Palästina Geltung zu verschaffen. Eine Gestalt der Mosebücher, die das Josuabuch einschloss und von einem großisraelitischen Ideal geleitet den Landbesitz unter Einschluss Samarias – des alten Israel und Juda des 10.–8. Jh. – als wichtigste Heilsgabe Gottes verstand, wandte sich gegen die Nehemia-Erzählungen, die unter Ausschluss Samarias ein kleinisraelitisches, auf die Provinz Jehud, das alte Juda, beschränktes Ideal vertraten. Dieses Sechsrollenbuch *(Hexateuch)* wurde nun, und dafür steht in der Retrospektive des 3. Jh. die Person Esras, ad acta gelegt und durch Abtrennung des Josuabuches der *Pentateuch* der fünf Mosebücher durchgesetzt, für den das Gesetz Gottes die zentrale Heilsgabe wurde: Jude sei, und das war die Diasporaperspektive, wer das Gesetz des Mose befolge. Schon die mit Nehemia verbundenen Kreise hatten sich gegen ein großisraelitisches Ideal ausgesprochen und die Mischehe mit Nichtjudäern, die gerade in der Aristokratie gepflegt wurde, unterbinden wollen (*Neh* 13,25), nicht zuletzt um so die persische Verwaltung gegen die einheimische Aristokratie zu stärken. Die mit Esra die Führung in Jerusalem übernehmenden priesterlichen Kreise aus der Diaspora entwickelten daraus ein Verfahren zur Trennung der Mischehen (*Esra* 9–10) im Dienste der Stärkung der jüdischen Identität eines Volkes, dessen größerer Teil schon nicht mehr in Jehud mit dem Zentrum in Jerusalem, sondern in der Diaspora lebte und dort gegen übermächtigen Kulturdruck seine jüdische Identität zu bewahren suchte.

Für das 4. Jh. zwischen Esra und dem Beginn hellenistischer Herrschaft nach dem Siegeszug Alexanders des Großen liegen uns kaum Quellen für die Geschichte Jerusalems vor. Doch seit dem 3. Jh. können wir die Entwicklung der Stadt wieder kontinuierlich nachzeichnen. Nach dem Tode Alexanders und den anschließenden Diadochenkämpfen fiel nach der Schlacht von Ipsos 301 v. Chr. Coelesyrien und Palästina endgültig an die ptolemäische Herrschaft in Ägypten unter Ptolemäus I. Soter (323–285 v. Chr.). Mit dem Protest des Seleukos I. Nikator (312–281 v. Chr.), der über Syrien und angrenzende Gebiete herrschte, waren die Konflikte der nächsten 150 Jahre für Palästina vorgezeichnet. Wieder war es als Aufmarschgebiet wichtig, so dass den Ptolemäern wie schon den Persern an politischer Stabilität in Palästina gelegen sein musste. Nach ägyptisch-ptolemäischem Vorbild wurde Judäa als Tempelstaat organisiert. Ägyptischem Bodenrecht entsprechend wurden große Ländereien dem Tempel unterstellt und der Hohepriester zur wichtigsten politischen Führungsinstanz in Judäa. In Analogie zu ägyptischen Tempelstädten, die sich «Hierapolis» nannten, kam für Jerusalem die Bezeichnung «Hierosolyma» auf, die in die Silbe *jeru-* («Gründung») des Namens Jerusalem nun ein griechisches *hieros* «heilig» hineinlas. Das offene Land Judäas wurde der Idee nach zum Territorium der Tempelstadt Jerusalem. So sprach der Historiker Polybios im 2. Jh. von den Juden in Palästina, «die um das Hierosolyma genannte Heiligtum herum wohnen».

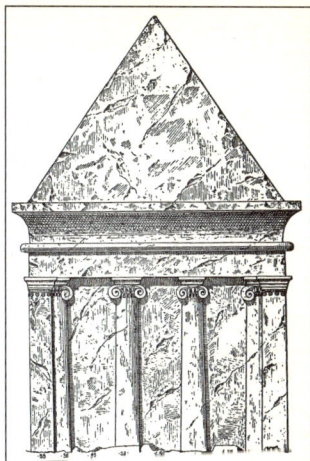

Abb. 24 Grabmonument der Priesterfamilie Hezir im Kidrontal

Die Zentrierung der ptolemäischen Provinz Judäa auf
den Jerusalemer Tempel stand
nicht der Übernahme grie-
chischer Kultur und Lebensart
durch die Jerusalemer Oberschicht unter Einschluss der
führenden Priesterfamilien ent-
gegen. Einen Eindruck von der
hellenistischen Prägung der Jerusalemer Priesterschaft gibt
das bis heute sichtbare Mausoleum der Priesterfamilie He-
zir (1 *Chr* 24,15) im Kidrontal nahe der SW-Ecke des heutigen
Tempelbezirks, das volkstümliche Überlieferung später irrtümlich als Grab des heiligen Jakobus bezeichnet hat. Die Fassade
des Grabes ist mit dorischen Säulen geschmückt und einem
Grabmonument verbunden, das mit einem pyramidenförmigen
Dach versehen war (Abb. 24). Schon bald nach 330 v. Chr.
wurde auch in Jerusalem der Name Alexander für jüdische Knaben gebräuchlich.

Der zunehmende Wohlstand einer langen Friedensepoche unter ptolemäischer Herrschaft kam vor allem der hellenistisch
geprägten Oberschicht in Jerusalem, weniger der konservativen
Landbevölkerung zugute, die in der Hellenisierung einen Verrat
am jüdischen Gott Jahwe und am jüdischen Wesen witterte, so
dass religiöse und soziale Konflikte abzusehen waren. Gegen
Ende des 3. Jh. endete die Friedenszeit für Jerusalem. Kämpfe
zwischen Seleukiden und Ptolemäern ließen die Herrschaft über
die Stadt mehrfach wechseln, bis nach dem Sieg der Seleukiden
über die Ptolemäer 201 v. Chr. und der Erstürmung der ptolemäischen Festung Akra nördlich des Tempelplatzes die Stadt
endgültig unter seleukidische Herrschaft geriet. Gewährte der
seleukidische Herrscher Antiochus III. (223–187 v. Chr.) zu-

nächst Privilegien wie Steuerfreiheit und innere Autonomie, nach dem jüdischen Gesetz zu leben, so änderte sich diese Haltung, als die Römer Antiochus III. zehn Jahre nach dem Machtwechsel in Jerusalem 190 v. Chr. bei Magnesia vernichtend schlugen und den Seleukiden schweren Tribut auferlegten, der ihre Staatsfinanzen ruinierte. Der Jerusalemer Tempelschatz soll, wie die Heliodor-Legende des 2. Makkabäerbuchs zu erzählen wusste, unter Seleukos IV. Philopator (187–175 v. Chr.) Objekt der Begehrlichkeit geworden sein. War damit das Verhältnis der Juden zum seleukidischen Staat erschüttert, so wuchsen in Jerusalem die Spannungen noch, als Antiochus IV. Epiphanes (175–164 v. Chr.) begann, eine konsequente Hellenisierungspolitik in seinem Reich und also auch in Jerusalem zu betreiben, um im Kampf gegen die Römer durch kulturelle Identität die Widerstandskraft seines Reiches zu stärken. Teile Jerusalems unter Einschluss des Tempels wurden 175 v. Chr. zu einer Polis «Antiochia in Jerusalem» (2 *Makk* 4,9) umgewandelt und der Tempel durch ein Zeus-Standbild entweiht. Die Festung der seleukidischen Akra wurde zwischen Tempel und Stadt errichtet, um ihre Bewohner im Zaume zu halten. Eine Aufstandsbewegung ländlicher Kreise unter dem zum niederen Klerus gehörenden Mattathias (1 *Makk* 2,1) gewann unter diesen Umständen schnell an Zulauf. 164 v. Chr. konnte sein Sohn Judas mit Beinamen Makkabäus, der «Hammermann», Jerusalem erobern und den Tempel neu weihen lassen, ein Ereignis, an das noch heute im jüdischen Hanukka-Fest erinnert wird. Die Besatzung der seleukidischen Akra aber konnte sich noch weitere zwölf Jahre lang halten. Innerseleukidische Thronstreitigkeiten nutzte schließlich Jonathan Makkabäus und ergriff die siegreiche Partei, was ihm die Ernennung zum Hohepriester einbrachte. Damit begann der Aufstieg der makkabäischen Hasmonäer, der sie schließlich auf den Königsthron führte. Das Bündnis der Makkabäer mit dem konservativen Landvolk war mit Jonathans Ernennung zum Hohepriester zerbrochen, forderte doch die Tora, dass der Hohepriester aus dem Kreis der zadokidischen Priester, nicht aber wie die Makkabäer aus dem niederen Klerus kommen musste. 142 v. Chr. räumten die Seleu-

kiden der Provinz Judäa unter Simon Makkabäus Steuerfreiheit und politische Unabhängigkeit ein. Zum ersten Mal seit
444 Jahren wurde Jerusalem für 79 Jahre Hauptstadt eines un-
abhängigen Reiches unter hasmonäischer Herrschaft, das die
Hasmonäer bis zum Ende des 2. Jh. durch zahlreiche Militärak-
tionen auf ganz Palästina unter Einschluss von Teilen Transjordaniens und der Küstenebene ausdehnen konnten. Der Hasmonäer Aristobul I. (104–103 v. Chr.) nahm schließlich den Kö-
nigstitel an. Ein wiedererstandener David hatte, so schien es, die
Hoffnungen, die sich einst im 7. Jh. mit dem König Josia ver-
banden, erfüllt.

Die wohl einschneidendste Veränderung in der Baugeschichte
Jerusalems im 3.–1. Jh. war die erneute Besiedlung des SW-Hügels seit dem 3. Jh. Die Bevölkerungszahl Jerusalems hatte kräftig zugenommen und sich seit dem 5. Jh. von wenigen tausend
bis auf 30 000 Einwohner im 2. Jh. vergrößert. So bedurfte es
wieder des Siedlungsraumes auf dem SW-Hügel, ohne dass aber
die Neustadt sofort durch eine Stadtmauer, sondern zunächst
nur durch Türme gesichert wurde. Erst im 2. Jh. wurde auf der
Linienführung der heutigen Altstadtmauer auf dem SW-Hügel
die Westmauer der Neustadt errichtet, die noch für die heutige
Altstadtmauer aus dem 16. Jh. n. Chr. wie schon für die Stadtmauer der Kreuzfahrer als Fundament diente. Ein Vorwerk aus
dem 7. Jh. im Bereich der heutigen Zitadelle wurde zum Kristallisationspunkt der Westbefestigung der Stadt im 3.–2. Jh. Der
jüdische Geschichtsschreiber Josephus bezeichnete im 1. Jh.
n. Chr. diese Mauer aus dem 2. Jh. v. Chr., die er irrtümlich auf
David und Salomo zurückführte, als «Erste Mauer», da sie bis
zur Einnahme der Stadt 70 n. Chr. durch die Römer noch durch
zwei weitere Mauern im Norden verstärkt wurde (Kap. 8). Josephus hat den Verlauf dieser Ersten Mauer beschrieben (Abb. 25).
Die Mauer sei von der westlichen Säulenhalle des Tempels bis
zur Zitadelle verlaufen, habe von dort nach Süden geschwenkt
den ganzen SW-Hügel umfasst, bis sie den SO-Hügel umschließend auf die östliche Säulenhalle des Tempels getroffen sei.
N. Avigad konnte Fragmente hasmonäischer Nordbefestigung
des SW-Hügels freilegen, die sich an die der vorexilischen Zeit

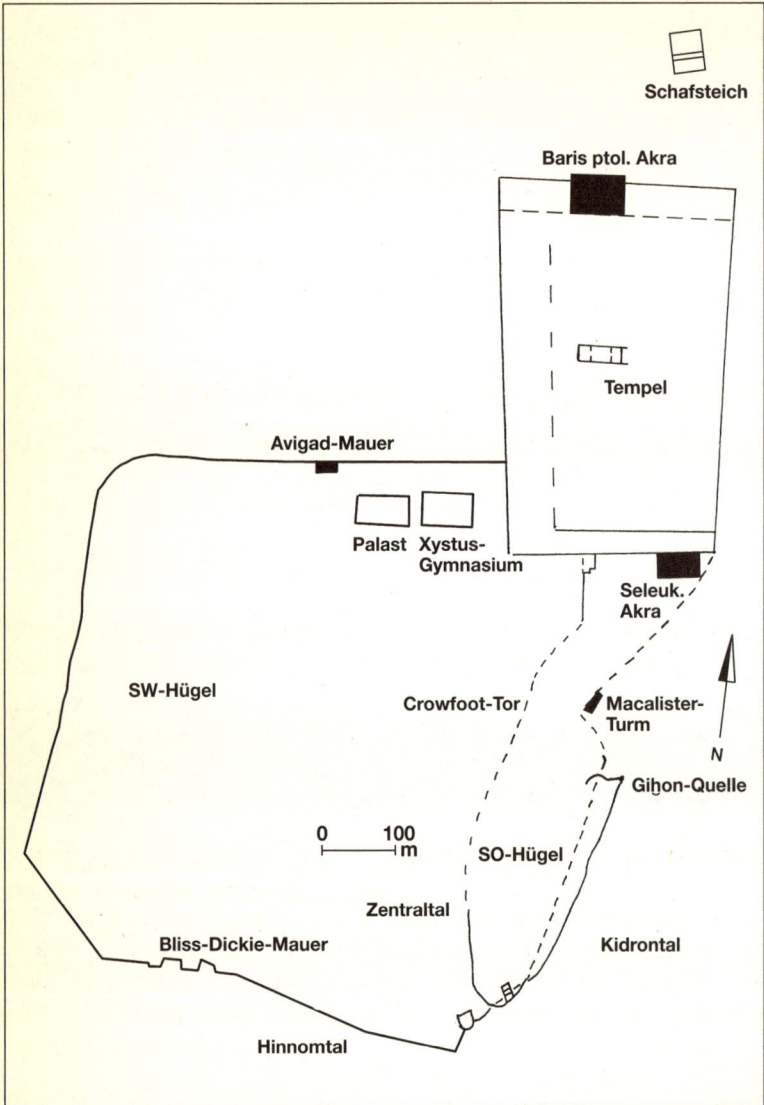

Abb. 25 Das vorherodianische Jerusalem im 2. und 1. Jh. v. Chr.

anschloss. J. Bliss/C. A. Dickie gruben im 19. Jh. einer hasmonäischen Stadtmauer entlang, die auf dem SW-Hügel oberhalb
des Hinnomtales und durch das Zentraltal hindurch bis zum
Südende des SO-Hügels verlief. Während J. Bliss/C. A. Dickie
zu Recht eine jüngere Phase der Mauer der byzantinischen Zeit
des 5. Jh. n. Chr. zuschrieben (Kap. 9), datierten sie die ältere in
Ermangelung verlässlicher Datierungskriterien in vorexilische
Zeit. Neuere Nachgrabungen haben indes gezeigt, dass es sich
um die im 2. Jh. gebaute und von Josephus als Erste Mauer beschriebene Stadtbefestigung handelt. Am Südende des SO-
Hügels zog diese Mauer um ein Wasserbecken, in dem schon
seit dem 18.–16. Jh. das Wasser der Gihon-Quelle, das seit dem
8. Jh. unterirdisch durch den SO-Hügel geführt wurde, gesammelt und seit dem 3. Jh. durch einen starken Damm aufge-
staut wurde. Auf der Ostseite des SO-Hügels wurde die Mauerführung nach Westen auf den Kamm des Hügels verlegt und
die im 5. Jh. reparierte Stadtmauer aufgegeben. Teile dieser Ersten Mauer auf dem SO-Hügel wurden zwischen 1893 und 2000
von Ch. Clermont-Ganneau, R. Weill, R. A. S. Macalister, K. M.
Kenyon und Y. Shiloh freigelegt (Abb. 7). Die bautechnisch
schwierige Besiedlung des Steilabhanges des SO-Hügels hatte
angesichts der Ausweitung des Stadtgebiets auf den Westabhang
des SO-Hügels, das Zentraltal und den SW-Hügel an Bedeutung
verloren, so dass nun außerhalb der neuen Stadtmauer auf der
Ostseite des SO-Hügels über zerstörten eisenzeitlichen Häusern landwirtschaftlich genutzte Terrassen angelegt wurden. Die
aus dem 13.–10. Jh. stammenden Terrassen und die gestufte
Steinkonstruktion wurde in die Stadtbefestigung des 2. Jh. einbezogen und durch einen Turm von ca. 17 m Breite verstärkt,
den der Ausgräber R. A. S. Macalister für eine davidisch-salomo-
nische Ergänzung der von ihm vorbiblischer Zeit zugeschrie-
benen Stadtmauer, die sich inzwischen als hasmonäisch erwie-
sen hat, gehalten hat. Unterhalb des Turmes wurde eine 3–4 m
starke Aufschüttung aus Kies, die den Hang sicherte, über den
nicht mehr genutzten Teil der gestuften Steinkonstruktion gelegt, wodurch endgültig die Wohnquartiere der Eisenzeit ver-
schwanden.

Auf der Westseite des SO-Hügels wurde in die Westbefestigung, die durch die Befestigung der Neustadt auf dem SW-Hügel nicht außer Betrieb kam, das von J. Crowfoot ausgegrabene Tor als Nachfolgebau des Taltores eingesetzt. Vor dem Tor wurde ein Schatz von ca. 300 Münzen gefunden, die das Tor in die Zeit des Hasmonäers Alexander Jannaios (103–76 v. Chr.) datieren lassen. Die hasmonäische Stadtmauer, die erstmals wieder seit 586 v. Chr. den SW-Hügel der Oberstadt und den SO-Hügel der Unterstadt umschloss, wurde vornehmlich während der langen Regierungszeit von Johannes Hyrkanos I. (135–104 v. Chr.) gebaut und unter Alexander Jannaios vollendet.

Hyrkanos ließ nördlich vom Tempelbezirk, der in hasmonäischer Zeit auch mit dem Steinwerk der inzwischen geschleiften seleukidischen Akra nach Süden erweitert wurde, die Festung Baris ausbauen, die die Funktion der Bira-Festung aus persischer und der Akra aus ptolemäischer Zeit fortsetzte, die Nordflanke der Unterstadt Jerusalems zu sichern und den Tempelbezirk zu beherrschen. Als die Akra dem Prunkbedürfnis der hasmonäischen Herrscher nicht mehr entsprach, ließ Aristobul I. am Ostabhang des SW-Hügels dem Tempel gegenüber einen Palast errichten, der über eine Brücke über das Zentraltal, vermutlich das Vorgängerbauwerk des herodianischen Tempelzugangs über «Wilsons Bogen» (Kap. 8), mit dem Tempelbezirk verbunden war.

8. Das herodianische Jerusalem zur Zeit Jesu bis zur Zerstörung durch Titus 70 n. Chr.

Nach dem Tod des Königs Alexander Jannaios verfiel die Macht der Hasmonäer zusehends. Seine Witwe Alexandra Salome (76–67 v. Chr.) konnte das aufgrund religiöser und sozialer Spannungen zerfallende Reich nicht mehr zusammenhalten. Ihre Söhne Aristobul II. und Hyrkanos II. schlugen sich jeweils auf die Seite der rivalisierenden Parteien der Pharisäer und Sadduzäer. Als ein Bürgerkrieg ausbrach, griffen die Römer ein. 64 v. Chr. stand ein römisches Heer unter Pompeius aufgrund des dritten mithridatischen Krieges (74–63 v. Chr.) in Syrien, der die innenpolitischen Turbulenzen im Hasmonäerreich nutzte, um Palästina als Landbrücke nach Ägypten unter römische Herrschaft zu bringen. 63 v. Chr. marschierte Pompeius in Jerusalem ein. Das hasmonäische Staatsgebiet wurde auf Judäa, Galiläa und Jüdisch-Peräa östlich des Sees Genezareth reduziert, während vor allem die hellenistisch geprägten Küstenstädte am Mittelmeer und ein Verband hellenistischer Städte in NO-Palästina und Syrien, die Dekapolis, abgetrennt wurden, um ein urban-hellenistisches Gegengewicht gegen die jüdischen Kerngebiete des ehemaligen Hasmonäerreiches zu schaffen. Hyrkanos II. und Antipater, der idumäische «Hausmeier» der Hasmonäer, wurden als Herrscher unter römischer Oberhoheit über die jüdischen Gebiete eingesetzt. Die Stunde Antipaters kam mit dem Bürgerkrieg zwischen Pompeius und Caesar. Antipater, der sich zur rechten Zeit auf die Seite des siegreichen Caesar schlug, konnte so seine Herrschaft festigen, die er anschließend mit seinen Söhnen Herodes und Phasaelis teilte. Die Wirren im römischen Reich nach Caesars Ermordung (44 v. Chr.) konnte die Familie des Antipater für sich weiter nutzen, um endgültig die Hasmonäer von der Macht zu vertreiben. Mit Oktavians und Mark Antons Unterstützung ließ sich Herodes 37 v. Chr. in Jerusalem zum Herrscher ausrufen. Er war als Idumäer ein Ausländer – wollte aber ein vom jüdischen Volk anerkannter und geliebter König sein. Er verfügte über ein hohes Maß an Organisations- und Improvisationstalent, einen weiten Bildungshorizont und politische Weitsicht und Flexibilität, so dass ihm eine fast 33-jährige Herrschaft allen Umbrüchen im römischen Reich von Caesar bis zu Augustus (27 v. Chr.–14 n. Chr.) zum Trotz beschieden war. Herodes' ehrgeiziges Bauprogramm in Jerusalem zeugt noch heute stellenweise sichtbar von den Fähigkeiten dieses Herrschers, der durch die fiktive Erzählung der frühchristlichen Evangelienliteratur vom Kindermord in Bethlehem zu Unrecht einen schlechten Leumund in der Geschichte erhalten hat.

Die für Jerusalem einschneidendste Baumaßnahme des Herodes, eine Form antiker Arbeitsbeschaffungsmaßnahme, war der Ausbau des Tempelbezirks, den er um mehr als das Doppelte erweiterte. Nach Westen ließ er das Zentraltal umleiten und um mehr als 20 m aufschütten. Für die Verlängerung des Tempelplatzes nach Süden um ca. 30 m wurde eine Gewölbestruktur errichtet, die noch heute unter der Aksa-Moschee begehbar ist. Die herodianische Umfassungsmauer liegt an der SW-Ecke ca. 50 m unter dem Begehungsniveau des Tempelbezirks auf gewachsenem Felsen auf. Die herodianische Erweiterung des Tempelbezirks nach Norden ist nicht mehr genau festzulegen, da die heutige Nordbegrenzung auf frühislamische Zeit des 7./8. Jh. n. Chr. zurückgeht und z. T. den Standort der herodianischen Festung der Antonia mit einschließt. Das herodianische Mauerwerk der Umfassungsmauer bestand aus flach gebossten Steinen mit zum Teil doppeltem Randschlag und Pilastern an den oberen Lagen. In der «Meisterlage» nahe Wilsons Bogen waren die Steine bis zu 3,5 m hoch, 14 m lang und 5 m tief. Sie hatten also ein Gewicht von mehreren hundert Tonnen. Derartige Steine auf eine Höhe bis zu 50 m zu heben, bedurfte einer hoch entwickelten Hebetechnik. Ausgrabungen an der West- und Südmauer des Tempelbezirks haben unsere Kenntnis der herodianischen Zugänge zum Tempelbezirk erheblich präzisiert. In der Südmauer des Tempelbezirks waren zwei Doppeltore eingelassen, die in byzantinischer und früharabischer Zeit erneuert wurden, in der auch das östliche der beiden Doppeltore zu einem Tripeltor erweitert wurde. Eine noch heute in einem der inneren Torgewölbe anstehende Säule von 1,2 m Stärke mit einem Kapitell aus Akanthusblättern zeugt von der Pracht der inneren Torhallen. Zu den Toren, die nach der Prophetin Hulda (2 *Kön* 22) benannt wurden, führten breite Treppen (Abb. 26). Nahe den Toren wurden die Fundamente eines Ritualbadkomplexes mit mehreren Zisternen und Ritualbädern für die Tempelbesucher freigelegt.

Von Westen führten, so der jüdische Geschichtsschreiber Josephus, vier Toreingänge in den Tempelbezirk. Die neueren Ausgrabungen zeigen, dass der nach dem Palästinakundler E. Ro-

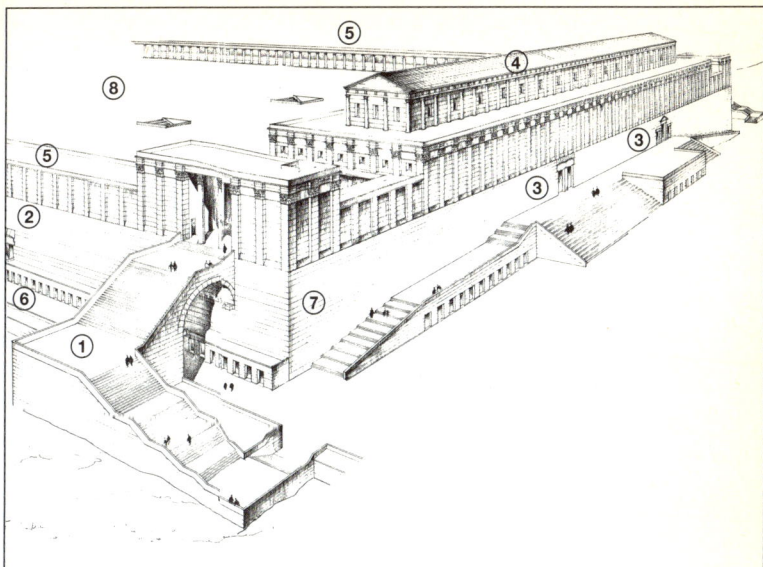

Abb. 26 SW-Seite des herodianischen Tempelplatzes
mit Robinsons Bogen (1), Barclay-Tor (2), Hulda-Toren (3), königlicher
Basilika (4), Säulenhallen (5), Straße zum Zentraltal (6),
SW-Ecke der Umfassungsmauer (7), Vorhof der Heiden (8)

binson benannte, noch heute anstehende Bogenansatz an der
SW-Ecke des Tempelbezirks nicht Teil einer Brücken-, sondern
einer Treppenanlage war, die von einer Straße an der Westseite
des Tempelbezirks zum Tempelplatz hinaufführte (Abb. 26).
Der ca. 180 m nördlich der SW-Ecke des Tempelbezirks liegende
Wilsons Bogen ist die frühislamische Nachfolgeanlage einer herodianischen Brücke, die den Tempelplatz mit der Oberstadt auf
dem SW-Hügel verband. Das damit verbundene Tor könnte das
in der Mischna, dem jüdischen Gesetzbuch aus dem 2.–3. Jh.
n. Chr., erwähnte Kiponos-Tor sein, das nach dem römischen
Prokurator Coponius (6–9 n. Chr.) benannt worden war. 82 m
nördlich der SW-Ecke des Tempelbezirks zwischen Robinsons
und Wilsons Bogen liegt das Barclay-Tor, das 1848 von dem britischen Architekten J. T. Barclay entdeckt wurde und ebenfalls

ein Kandidat für das Kiponos-Tor sein kann. Ein viertes von Josephus genanntes Westtor wurde bereits 1864 von C. Wilson nördlich des nach ihm benannten Bogens gefunden und nun wieder durch eine Ausgrabung des israelischen Religionsministeriums nördlich der Klagemauer entlang der Westmauer des Tempelbezirks zugänglich gemacht. Über die Torzugänge zum Tempelbezirk von Norden und Osten unterrichtet uns nur die Mischna, deren Quellenwert strittig ist.

Über den Außenmauern des Tempelbezirks erhoben sich im Westen, Norden und Osten herodianische Säulenhallen, die den äußeren Hof des Tempelbezirks, den Vorhof der Heiden, einfassten (Abb. 26). Sie waren ca. 15 m breit bei einer Säulenhöhe von ca. 12,5 m. In der heutigen jüdischen Neustadt Jerusalems wurde bei Steinbrucharbeiten im ausgehenden 19. Jh. im russischen Quartier nahe der Jaffa-Straße eine derartige Säule gefunden, die in herodianischer Zeit beim Herausschlagen aus dem Felsen zersprungen und liegen gelassen worden war. Auf der Südseite des Vorhofs der Heiden im Bereich der heutigen Aksa-Moschee stand eine ca. 185 m lange dreischiffige Basilika. Diese «königliche Halle», so Josephus, besaß gewaltige mit korinthischen Kapitellen geschmückte Säulen. Die mittlere Halle war ca. 30 m hoch und 15 m breit, die beiden Seitenschiffe ca. 15 m hoch und 10 m breit. Nahe der SW-Ecke des Tempelbezirks wurde ein Quaderstein mit der Inschrift «zum Platz des Trompetens, um anzu(kündigen) ...» gefunden, der, ehe er bei der Zerstörung des Tempels durch Titus 70 n. Chr. von der SW-Ecke des Tempelbezirks herabgestürzt war, den Ort für das kultische Schophar (Widderhorn)-Blasen festlegte, das von hier aus in der Unterstadt auf dem SO-Hügel und in der Oberstadt auf dem SW-Hügel gehört werden konnte. Wenn der antike Besucher in den Tempelbezirk eintrat, sah er, folgen wir dem Bericht des Josephus im 5. Buch seines *Jüdischen Krieges*, einen großen, vielfarbig gepflasterten Hof, in den auch die Nichtjuden eintreten durften. In der Mitte dieses Hofes grenzte eine Balustrade einen inneren Tempelhof aus dem Vorhof der Heiden aus, und Tafeln verboten den Nichtjuden den Zugang zum inneren Hof. Zwei dieser Tafeln wurden 1872 nahe dem Tempel-

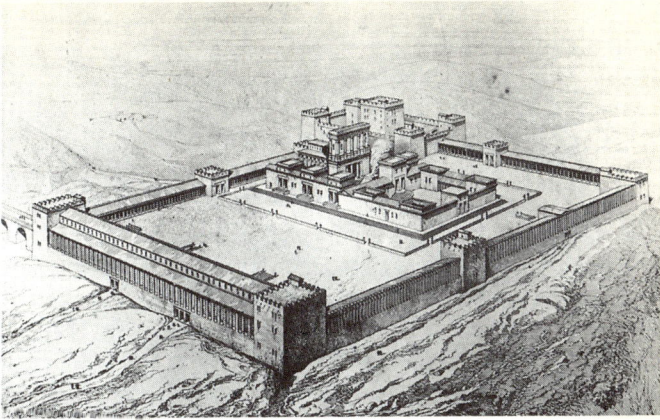

Abb. 27 Der herodianische Tempel

bezirk und 1935/36 bei Straßenbauarbeiten außerhalb des Stephanstores der heutigen Altstadt gefunden. Die Inschrift darauf lautet:

«Dass kein Fremder eintrete (in den Bereich) innerhalb der Schranken und Einfriedung des Heiligtums! Wer ergriffen wird, ist für den Tod, der darauf folgen wird, selbst verantwortlich».

In der *Apostelgeschichte* (21,28) ist die Verletzung dieses Verbots Anlass zur Verhaftung des Apostels Paulus. Im inneren Tempelbezirk (Abb. 27) lag im Osten der Vorhof der jüdischen Frauen, westlich davon der in einen Laien- und Priesterbereich unterteilte Hof der jüdischen Männer. Der Bereich mit dem Brandopferaltar war den Priestern vorbehalten, hinter dem sich das Tempelgebäude erhob. In der Frage, ob Herodes das Tempelgebäude neu erbauen, den alten aber bis auf die Fundamente einreißen oder diesen nur reparieren und mit Anbauten erweitern ließ, ist das Zeugnis des Josephus widersprüchlich. Geht man davon aus, dass Herodes das Tempelgebäude nur erweiterte, hat er es durch ein zweites Stockwerk und eine Vorhalle von ca. 45 m Höhe und Breite erweitert. Dafür spricht, dass er sich in der Rolle eines neuen Salomo sah und beanspruchte, den Tempel in den Maßen, die Salomo ihm gegeben hatte, wiederherzustellen, da die Rückwanderer aus dem babylonischen Exil nicht die Möglichkeit gehabt haben sollen, den Tempel wieder bis zur ursprünglichen Höhe des salomonischen Bauwerks aufzuführen.

Das Bauprogramm des herodianischen Tempelbezirks ist durch das Prinzip abgestuft-konzentrischer Heiligkeit geprägt, das den jüdischen Gesellschaftsaufbau in priesterlicher Sicht widerspiegelt. Als Zentrum der Heiligkeit galt das Allerheiligste des Tempelgebäudes, das nur am Versöhnungstag vom Hohepriester betreten wurde. Darum gelagert waren in absteigender Linie der Heiligkeit die Höfe der Priester, der jüdischen Männer, der jüdischen Frauen und zuletzt der Nichtjuden. Das Allerheiligste des Tempels wurde so in priesterlicher Sicht zum Zentrum der Stadt Jerusalem, die als Heilige Stadt um den Tempel Zentrum des Heiligen Landes sein sollte.

Herodes aber hat mit der Neugestaltung des Tempelbezirks mehr geplant, als nur priesterlichem Denken in Heiligkeitsstrukturen architektonischen Ausdruck zu verleihen. Das 48 v. Chr. von Caesar während seines Aufenthalts in Alexandrien initiierte Caesareum, das als Zentrum des Kaiserkultes in Alexandrien dienen sollte, war Herodes Vorbild für die Gestaltung des Tempelplatzes. Der Heilige Bezirk war auch in Alexandrien mit Säulenhallen an allen vier Seiten umgeben, in dessen Mitte sich der Tempel befand. Das im nordafrikanischen Kyrene ausgegrabene Caesareum bestand aus einem von dorischen Portiken (Wandelhallen) umgebenen Quadriportikus – einer vierseitig von Hallen umgebenen Platzanlage – aus dem 1. Jh. v. Chr., einer dreischiffigen Basilika des 1. Jh. n. Chr. und einem Tempelgebäude. Das Architekturelement der Basilika stammt aus einer westlichen, die Säulenumgänge der Stoen dagegen aus einer östlichen Bautradition, und es spricht einiges dafür, dass diese Architekturelemente erstmals von den Architekten des Herodes in Jerusalem verbunden wurden. Die Struktur des Quadriportikus ist aber auch typisch für das römische Forum und die hellenistische Agora als Zentrum des öffentlichen Lebens, wozu auch die Basilika passt. Herodes wollte mit dem Tempelbezirk ein heiliges Zentrum für die Juden in seinem Land und das Weltjudentum in der Diaspora schaffen, das dem Vorbild in Alexandrien nicht nachstand, und gleichzeitig ein Zentrum des öffentlichen Lebens für die Stadt, wie es zu einer Weltstadt passe. Die Einbindung des Tempelbezirks in das herodianische Straßensystem Jerusalems unterstrich diese Funktion. Die Hauptverbindung zwischen der Oberstadt auf dem SW-Hügel und der Unterstadt auf dem SO-Hügel verlief über die Brücke von Wilsons Bogen zum Tempelplatz. Vor dem Treppenaufgang zu den Hulda-Toren lag ein großer Platz, auf den die Hauptstraße des herodianischen Jerusalem durch das Zentraltal zulief. Diese Verkehrsader verband die «oberen Märkte» nordwestlich des Tempels mit der Unterstadt auf dem SO-Hügel im Süden und war mit Geschäften gesäumt. In den ökonomischen Verkehr waren auch die Säulenhallen und die Basilika des Tempelbezirks einbezogen, die nicht nur der gelehrten Disputation – seit ca. 30 n. Chr. tagte hier der jüdische Gerichtshof des Sanhedrin –, und, wie die biblischen Evangelien zu Jesu Wirken im Tempelbezirk zeigen, auch der religiösen Agitation dienten. Die Basilika war vielmehr auch Markthalle für Händler und Geldwechsler. Auch in dem zur Zeit des Kaisers Augustus in Angriff genommenen Jupiter-Tempel in Damaskus, der wie der in Jerusalem zwei konzentrische Höfe hatte, diente der äußere als öffentlicher Markt. Der äußere Vorhof des Jerusalemer Tempelbezirks war also auch der Marktplatz des herodianischen Jerusalem – eine Doppelfunktion, die wenige Jahrzehnte nach Herodes den Zorn des Mannes Jesus aus Galiläa wecken sollte.

Herodes wollte mit dem Bau des Tempels selbstbewusst seine Macht als König demonstrieren. Am Haupttor des Tempels ließ er einen goldenen Adler, ein orientalisches Gottessymbol und Requisit zahlreicher Tempeltore in Syrien, anbringen. Doch war der Adler auch Symbol der Macht des Königs und seiner Loyalität zu Rom, was den Adler zum Objekt von Angriffen aus der Bevölkerung machte. Im Jahr 9 oder 8 v. Chr. wurde die «Neugründung» des Tempels durch Herodes festlich begangen. Dass dies am Jahrestag von Herodes' Regierungsantritt geschah, verdeutlicht, dass der Tempelbau auch herrschaftslegitimierende Funktion haben sollte.

Ehe Herodes seine Herrschaft durch aufwändige Baupro-
gramme wie die des Jerusalemer Tempelplatzes propagieren
konnte, musste er seine Herrschaft gegen erhebliche Widerstän-
de im jüdischen Volk sichern. Dem diente der Ausbau der nach
Mark Anton benannten Festung der Antonia (Abb. 28), der also
vor der Schlacht von Aktium 31 v. Chr., dem Sieg Oktavians
über Mark Anton, abgeschlossen worden sein muss. Die Antonia setzte die Funktion der hasmonäischen Festung Baris nördlich des Tempelbezirks fort, die Stadt auf dem SO-Hügel gegen
Angriffe von Norden zu schützen. Gleichzeitig aber baute Herodes die Festung der Antonia so aus, dass sie noch wirksamer
als ihre Vorgängerinnen seit der persischen Bira den Tempelplatz als Zentrum des öffentlichen Lebens der Stadt beherrschte
und Aufruhr, der von dort ausging, niedergeschlagen werden
konnte. Josephus' Schilderung der Antonia ist in vielen Einzel-

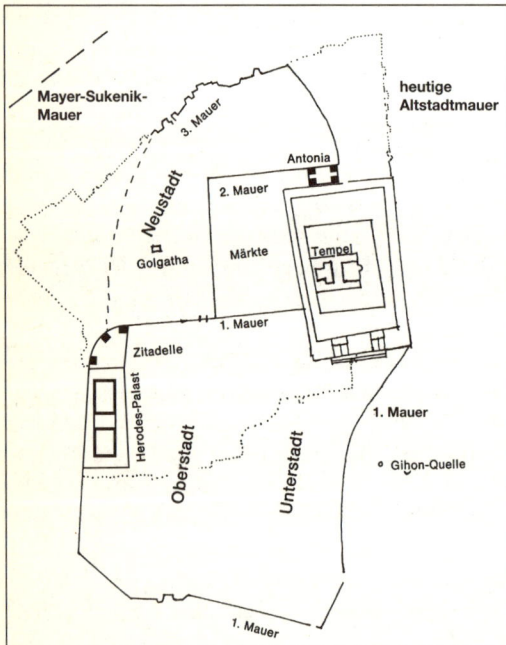

Abb. 28 Das
herodianische
Jerusalem um
die Zeiten-
wende

heiten unklar, in anderen deutlich übertrieben, so dass es der Archäologie bedurft hätte, um einer Klärung der Baugestalt der Antonia näherzukommen. Nach Ausgrabungen im franziskanischen Konvent der Flagellatio (Geißelung) Christi und des Klosters der Zionsschwestern Notre Dame de Sion an der Via Dolorosa nördlich des Tempelbezirks wurden Felsbearbeitungen und eine Steinpflasterung, auf der ein Basilinda-Spiel, ein römisches Würfelspiel, eingeritzt war (Abb. 30), sowie Gewölbezisternen unter der Pflasterung, die mit dem Struthion-Teich, der nach Josephus der Antonia nördlich vorgelagert war, identifiziert wurden, auf die Antonia gedeutet. So ergab sich das Bild einer Großantonia mit vier Türmen zwischen dem Tempelbezirk und den Konventen, die bis heute als Pilgerstätten dienen. Wichtige Stationen der Passion Jesu wie das Pilatusverhör und die Geißelung wurden in der Antonia lokalisiert, weil diese irrtümlich als Residenz des Pilatus interpretiert wurde. Neuere Grabungen haben aber gezeigt, dass die in den Konventen gezeigte Pflasterung zusammen mit dem sog. Ecce-Homo-Bogen an der Via Dolorosa, der seinen Namen nach dem Ausspruch des Pilatus «sehet den Menschen dort» (Joh 19,5) erhalten hat, nicht Teil der herodianischen Antonia, sondern einer Platzanlage der römischen Veteranenkolonie aus dem 2. Jh. n. Chr. sind. So ist mit einer erheblich kleineren Antonia mit nur einem Turm, so Josephus, zu rechnen, als sie noch heute in Jerusalem in Modellen in den Konventen an der Via Dolorosa und in Reiseführern gezeigt wird. Zwischen Tempelbezirk und Via Dolorosa liegt ein ca. 10 m über den Tempelplatz aufragendes Felsplateau von ca. 120 × 45 m, auf dem heute eine palästinensische Schule steht. Auf der Südseite ist es für die frühislamische Erweiterung des Tempelplatzes abgeschlagen worden, so dass die Maße dieses Plateaus in herodianischer Zeit, als die Antonia darauf stand, nicht mehr exakt zu ermitteln sind. Konnte Herodes als Idumäer auch nicht Hohepriester werden, so bewahrte er doch das Hohepriestergewand in der Antonia auf und machte so seinen Herrschaftsanspruch auch über den jüdischen Tempelkult deutlich, was auch im Bauprogramm der den Tempel überragenden Antonia zum Ausdruck kam. Wenn Herodes aber die

Antonia nach seinem persönlichen Freund Mark Anton benannte, so signalisierte er damit in provokativer Weise dem jüdischen
Volk, dass hinter ihm, Herodes, die Macht Roms stand.

   Zeitgleich mit der Antonia baute Herodes auch die hasmonäische Befestigung auf dem SW-Hügel an dem Eckpunkt von
Nord- und Westmauer zu einer starken Zitadelle der drei Türme Hippikus, Phasael und Mariamme (Abb. 28) aus, von denen
noch heute die Fundamente des Phasael-Turmes, im Volksmund
als Davids-Turm bezeichnet, am Jaffa-Tor der heutigen Altstadt
zu sehen sind. Diese Festung diente dem Schutz der Stadt auf
dem SW-Hügel nach Westen und Norden und nach innen der
Beherrschung dieses Stadtteils, vor allem aber als Schutz für den
Palast, den sich Herodes um 24 v. Chr. auf dem SW-Hügel im
Bereich des heutigen Armenischen Gartens bauen ließ, nachdem
er zunächst im Hasmonäerpalast gegenüber dem Tempelbezirk
residiert hatte. Die Ausgrabungen im Armenischen Garten gegenüber der armenischen St. Jakobus-Kathedrale haben die
Substruktion dieses Palastes verdeutlicht, der wie die Erweiterung des Tempelplatzes auf einer massiven Erdaufschüttung
stand, die mit Stützmauern durchzogen war. Dagegen sind alle
Architekturreste des Palastes von den Römern bis zu den Kreuz-
fahrern beseitigt worden, die hier, ohne vom Herodespalast zu
wissen, ihren Königspalast, die «curia regis», errichteten. Im
Herodespalast residierten auch nach Herodes' Tod 4 n. Chr.,
der hier vereinsamt starb, die römischen Prokuratoren, unter
ihnen Pilatus (26–36 n. Chr.).

   Das hasmonäische Jerusalem umfasste die zwei Stadtteile der
Unterstadt auf dem SO-Hügel und der Oberstadt auf dem SW-
Hügel. Zur Zeit des Herodes wurde durch die «Zweite Mauer»
in der Terminologie des Josephus ein neuer Stadtteil auf dem
NW-Hügel nördlich des Kreuztales zwischen dem heutigen Muristan und dem Tempelbezirk ein dritter Stadtteil in die Befestigung einbezogen (Abb. 28), die «Märkte», die zum Handels-
zentrum der herodianischen Stadt wurden. Der Verlauf der
Mauer, der für die Lokalisierung des Jesusgrabes, das außerhalb
der Stadtmauern gelegen haben muss, von Bedeutung ist, bleibt
umstritten, da die Angaben des Josephus nicht eindeutig sind,

die Mauer habe ihren Anfang bei einem Tor genommen, das in der Ersten Mauer gelegen habe und Gennath-Tor genannt worden sei. Nur den Nordteil der Stadt umschließend habe sie zur Antonia geführt. Die Lokalisierung des Gennath-Tores in der Nordmauer des SW-Hügels ist nach wie vor nicht restlos gesichert und ein direktes archäologisches Zeugnis der Zweiten Mauer fehlt bislang. Maximalistische Positionen rekonstruieren den Verlauf der Zweiten Mauer von der Zitadelle in einem weiten Bogen nach Norden ausholend bis zum heutigen Damaskustor der Altstadt und von dort zurück nach Süden zur Antonia führend. Doch dem widersprechen Ausgrabungen im heutigen Muristan, insbesondere unter der Lutherischen Erlöserkirche nahe der Grabeskirche (Kap. 9), die zeigen, dass vom 7. Jh. v. Chr. bis zum 1. Jh. n. Chr. dieses Gebiet nördlich des Kreuztales als Steinbruch und Gräberfeld genutzt wurde, also außerhalb der Zweiten Mauer lag. Erst Herodes Agrippa I. (41–44 n. Chr.) bezog noch durch eine «Dritte Mauer», die das geschützte Stadtgebiet bis zum heutigen Damaskustor ausdehnte, diesen Bereich des Muristan sowie Teile des heutigen christlichen Viertels der Altstadt in die Stadt ein. Damit hatte sich das Stadtgebiet Jerusalems innerhalb von 150 Jahren annähernd verzehnfacht. Als 63 n. Chr. die Bauarbeiten am Tempel eingestellt wurden, wurden schlagartig 18 000 Arbeiter arbeitslos, so dass Herodes Agrippa II. (ca. 50–100 n. Chr.) ein Projekt zur Verschönerung der Straßen Jerusalems initiierte, um soziale Unruhen zu vermeiden. Die Einwohnerzahl Jerusalems zur Zeit des Herodes war auf ca. 50 000 und bis zur Zerstörung 70 n. Chr. auf ca. 60 000–70 000 Menschen angewachsen. Hinzu kam ein Vielfaches an Menschen aus dem Land und der Diaspora zu den großen Jahresfesten in die Stadt.

Wollen wir in das Bild der herodianischen Stadt die Ereignisse der Passion Jesu einzeichnen, so ergibt sich ein von der heutigen Tradition seiner Leidensstationen auf der Via Dolorosa, die auf das 14. Jh. zurückgeht, abweichendes Bild. Nach der Verhaftung Jesu im Garten Gethsemane («Ölkelter») auf dem Ölberg (*Mark* 14,26) östlich des Kidrontales (*Joh* 18,1) wurde er in das Haus des Hohepriesters Kaiphas gebracht, das in einem vornehmen Villenviertel in der Oberstadt nahe des Herodespalastes lag, wo bereits frühbyzantinische Tradition im 4. Jh. n. Chr. das Haus lokalisierte. Nach dem nächtlichen Verhör in diesem Hause wurde Jesus am nächsten Morgen dem Sanhedrin vorgeführt, der im Tempelbezirk tagte, seit 30 n. Chr. in der Basilika, wo Jesus zuvor die Tempelhändler ausgetrieben und die Zerstörung des Tempels angekündigt (*Mark* 13,1) und damit seine Verhaftung und Verurteilung provoziert hatte. Nach der Verurteilung durch den Sanhedrin wurde Jesus zu Pilatus geführt, der während seiner Anwesenheit in Jerusalem im Herodespalast auf dem SW-Hügel residierte. Ein Platz vor dem Palast, auf dem sich das Volk versammeln konnte, und die angrenzende Militäranlage der Zitadelle, in der die Geißelung stattfand, passen zu dieser Lokalisierung des Pilatusverhörs. Schließlich wurde Jesus von Nazareth in den Steinbrüchen nördlich des Kreuztales außerhalb der Zweiten Mauer hingerichtet und in einem der Felsgräber begraben.

Die römische Direktherrschaft nach dem Tod des Herodes Agrippa I. 44 n. Chr. und die Ausbeutung des Landes durch die römischen Prokuratoren provozierte jüdischen Widerstand gegen die Fremdherrschaft. 66 n. Chr. kam es zu einem Pogrom gegen die Juden in Caesarea, was in Jerusalem einen Aufstand entfachte, so dass die römischen Garnisonen in der Stadt überwältigt und bei Beth Horon ein römisches Heer aufgerieben wurde. Darauf setzte der römische Kaiser Nero drei Legionen mit 60 000 Mann unter Führung des Feldherrn Vespasian in Marsch, stand doch für die Römer die Landverbindung nach Ägypten auf dem Spiel. Als Vespasian von den orientalischen Legionen zum Kaiser ausgerufen wurde, übernahm sein Sohn Titus das Kommando. Im April 70 n. Chr., als zehntausende Pilger zum Passafest in der Stadt versammelt waren, schloss er mit seinem auf vier Legionen verstärkten Heer durch eine Befestigung um die Stadt, eine circumvallatio, Jerusalem ein. Fragmente dieser circumvallatio wurden u. a. in der Mayer/Sukenik-Grabung nördlich des heutigen Damaskustores freigelegt (Abb. 28). Ende Juni 70 n. Chr. gelang den Römern die Erstürmung der Antonia und der Einbruch in den Vorhof der Heiden des Tempelbezirks.

Anfang August begann dann die Erstürmung des inneren Tempelbezirks. Bis Anfang September hielt sich noch die Zitadelle in der Oberstadt, dann brach auch hier der Widerstand zusammen. Jerusalem ging in Flammen auf, der Tempelbezirk wurde geschleift und Kultgeräte wie der siebenarmige Leuchter im Triumphzug nach Rom gebracht, wovon der Titus-Bogen in Rom noch heute Zeugnis gibt. In fast allen Grabungsarealen in Jerusalem finden sich Spuren dieser Katastrophe der Stadt.

9. Jerusalem in römischer und byzantinischer Zeit bis zur muslimischen Eroberung im 7. Jahrhundert n. Chr.

Die Römer nutzten nach der Zerstörung der Stadt 70 n. Chr. die herodianische Zitadelle der Türme Phasael, Hippikus und Mariamme als Festung für die Besatzungstruppen der X. Legion Fretensis, die in der Stadt blieben. Große Teile der Oberstadt auf dem SW-Hügel wurden bis in das 3. Jh. vom römischen Militär genutzt und durch die instand gesetzte und gestärkte Westmauer der herodianischen Stadt nach Westen geschützt. Zahlreiche Ziegel mit dem Stempeleindruck der X. Legion wurden in Ausgrabungen auf dem SW-Hügel gefunden. Kaiser Hadrian (117–138 n. Chr.), der 130 n. Chr. den Orient bereiste, beschloss, das noch weithin in Trümmern liegende Jerusalem als römische Veteranenkolonie wieder aufzubauen, die nach ihm, Publius Aelius Hadrianus, und dem Reichsgott Jupiter Capitolinus benannt werden sollte. Schon 131/32 n. Chr. kamen Aelia Capitolina-Münzen im Umlauf. Die Juden der Provinz Judäa verzweifelten, als sie sahen, dass Jerusalem eine römisch-heidnische Stadt werden sollte, und entschlossen sich, getragen von messianischen Hoffnungen, zum Widerstand. Um den Ausbau Jerusalems zur römischen Colonia Aelia Capitolina zu sichern, wurde die VI. Legion Ferrata, die «Geharnischte», zur Unterstützung der dort stationierten X. Legion nach Judäa verlegt.

Dennoch brach im Herbst 132 n. Chr. der Aufstand los. Die römische Besatzung in Jerusalem musste sich zurückziehen, und
in der befreiten Stadt wurde eine jüdische Verwaltung für Judäa
eingerichtet. Auf dem Tempelplatz wurde der Brandopferaltar
wieder in Betrieb genommen. Zwei Jahre konnten die jüdischen
Aufständischen unter Führung eines Simon bar Kochba Teile
Judäas und Samarias gegen die Römer halten, die zehn Legionen, fast ein Drittel des römischen Heeres, zusammenzogen, um
den Aufstand niederzuschlagen. Nach insgesamt fast drei Jahren war der erbitterte Kampf, in dem die gallische XXII. Legion
Deioteriana, die fortan von den Legionslisten verschwand, restlos aufgerieben wurde, dennoch entschieden, die Judenheit Palästinas im römischen Reich zerstreut und Jerusalem wieder rö-
misch. Der Ausbau zur Colonia Aelia Capitolina wurde wiederaufgenommen. An den formalen Gründungsakt, das feierliche
Pflügen zur Markierung der Stadtgrenzen, wurde auf Münzen
mit der Aufschrift COLONIA AELIA CAPITOLINA CONDITA
erinnert. Münzen ehrten auch die V. Legion Macedonica, die
sich in den Kämpfen gegen die jüdischen Aufständischen besonders hervorgetan hatte. Die X. Legion Fretensis wurde erneut in
Aelia stationiert. Den Juden aber wurde bei Todesstrafe verboten, die Stadt zu betreten. Sie wurde römischer Stadtplanung
folgend mit Zentrum auf dem NW-Hügel angelegt, der SO-Hügel der alten Davidstadt also aufgegeben und zum Steinbruch-
gebiet. Zwei rechtwinklig zueinander verlaufende Straßen bildeten die Verkehrsadern der Stadt. Der Cardo Maximus, die
Grundachse jeder römischen Gründung, verlief von der römischen Porta Sinistra Principalis beim heutigen Damaskustor,
nach Süden, und ein Decumanus Maximus, die zum Cardo
rechtwinklig angelegte Querachse, vom heutigen Jaffator der
Davidstraße folgend, traf am Forum, dem zentralen Angelpunkt
jeder römischen Gründung, nahe der heutigen Grabeskirche auf
den Cardo (Abb. 29). Die Ausgrabungen unter der Erlöserkirche haben massive Aufschüttungen im 2. Jh. über dem Steinbruch gezeigt, auf denen das römische Forum errichtet wurde.
Der Cardo führte, für eine römische Siedlung unüblich, aber
nicht über das Kreuztal hinaus, da der SW-Hügel als militä-

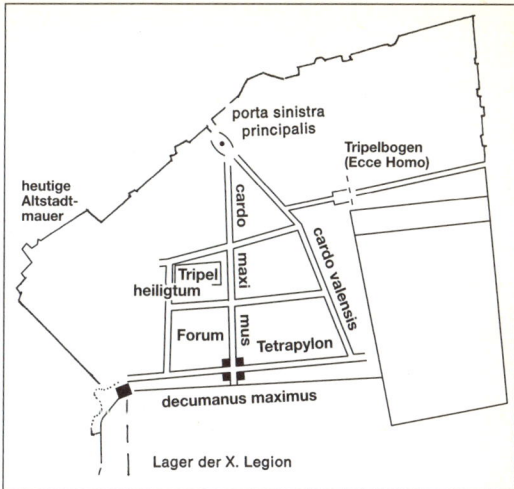

porta sinistra
principalis

Tripelbogen
(Ecce Homo)

heutige
Altstadt-
mauer

cardo

cardo valensis

Tripel
heiligtum

cardo
maxi
mus

Forum

Tetrapylon

decumanus maximus

Abb. 29 Das
römische
Jerusalem im
2.–3. Jh. n. Chr.

Lager der X. Legion

risches Gebiet nicht Teil der Stadt Aelia war. Die Fortsetzung
des Decumanus über den Cardo Maximus hinaus war dem herodianischen Straßennetz folgend etwas nach Norden verscho-
ben, verlief auf der Linienführung der heutigen Via Dolorosa
nördlich am Tempelplatz vorbei und endete wie der Cardo Maximus an der Porta Sinistra Principalis im Norden in einem kleinen Forum im Osten, zu dem die Steinpflasterung mit dem römischen Basilinda-Spiel (Abb. 30) und der Ecce-Homo-Bogen
als Teil eines römischen Tripelbogens gehören. An das römische
Forum mit Säulenumgang und Basilika im heutigen Muristan
nördlich angrenzend wurde das religiöse Zentrum Aelias im Bereich der heutigen Grabeskirche in Gestalt eines Tripelheiligtums für die römischen Gottheiten Jupiter, Juno und Minerva
errichtet. Im Russischen Alexanderhospiz sind noch heute hinter der Säulenreihe des Cardo Maximus liegende Fragmente der
Forumsmauer sowie der Temenosmauer dieses Heiligtums des
2. Jh. n. Chr. zu sehen, die im 4. Jh. in das Atrium der byzantinischen Basilika der Grabeskirche einbezogen wurde. Dass
dieses Tripelheiligtum an einer Stelle errichtet wurde, an der,
wie der byzantinische Bischof Eusebius von Caesarea im 4. Jh.

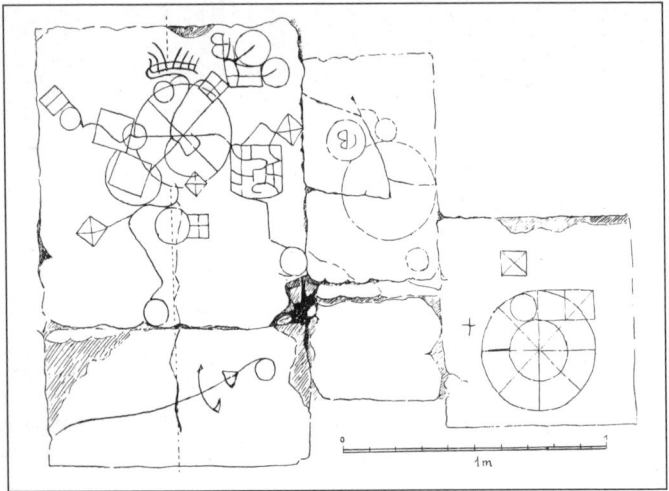

Abb. 30 Römisches Basilinda-Spiel auf der Steinpflasterung
im Konvent der Zionsschwestern

reklamierte, die Christen Grab und Auferstehung Jesu lokalisierten, hat sich durch armenische Ausgrabungen 1970–1980
hinter der Helenakapelle der Grabeskirche bestätigt. An vor-
konstantinisches Mauerwerk des römischen Tempels wurde vor
306 n. Chr. die Zeichnung eines römischen Handelsschiffes mit
eingerolltem Hauptsegel und eine Votivinschrift DOMINE IVI-
MUS («Herr, wir sind gekommen») einer geglückten Pilgerfahrt
angebracht (Abb. 31). Zeichnung und Inschrift befinden sich
auf Mauerwerk des 3. Jh., das mit den konstantinischen Baumaßnahmen für die Grabeskirche im 4. Jh. zugeschüttet wurde.
Nach 135 n. Chr. konstituierte sich in Aelia eine heidenchrist-
liche Gemeinde in der Stadt, während Juden und Judenchristen
das Betreten von Aelia verboten war. Diese Gemeinde bestand
während der gesamten römischen Zeit, so dass es nicht verwun-
derlich ist, wenn sich die Ortstradition des Jesusgrabes in der
Nekropole nördlich des Kreuztales noch hielt, als es, wovon die
Ausgrabungen unter der Erlöserkirche Zeugnis geben, durch
die römischen Baumaßnahmen im Zuge der Errichtung von Fo-

rum und Tripelheiligtum zugeschüttet wurde. Schon zu Beginn des 3. Jh. setzte eine intensive christliche Wallfahrtspraxis nach Jerusalem ein, die durch römische Christenverfolgungen nur behindert, aber nicht unterbunden wurde.

Auf dem Tempelplatz wurde im 2. Jh. ein Reiterstandbild Hadrians und eine Statue seines Adoptivsohnes Antoninus Pius (138–161 n. Chr.) errichtet. Über einem der Doppeltore in der Südmauer des Tempelbezirks ist in sekundärer Verwendung die Basis der Statue eines Antoninus Pius gefunden worden, die noch im 4. Jh. der Pilger von Bordeaux, der das Jerusalem seiner Zeit beschrieben hat, gesehen haben will.

Schon in vorkonstantinischer Zeit ist den Juden ein eingeschränktes Recht des Zugangs zum Tempelplatz eingeräumt worden, berichtet doch der Pilger von Bordeaux um 333 n. Chr., der bei seinem Besuch in der Stadt einem jüdischen Pilgerweg zum Tempelplatz folgte, er habe in der Nähe des hadrianischen Standbildes einen durchbohrten Stein gesehen, zu dem die Juden alljährlich gekommen seien, um ihn zu salben, zu weinen, ihre Kleider zu zerreißen und dann fortzugehen. Rabbinische Tradition spricht seit dem 4. Jh. n. Chr. davon, dass die Gottesgegenwart der Schechina – die in der Welt weilende Gottesherr-

Abb. 31 Darstellung eines römischen Pilgerschiffes des 3. Jh. in der Grabeskirche

lichkeit – nach der Zerstörung des Tempels nicht von der Westmauer gewichen sei, womit ursprünglich die Westmauer der
Ruine des Tempels, nicht aber der herodianischen Umfassungsmauer des Tempelbezirks, gemeint war. Als Kaiser Julian Apos-
tata 363 n. Chr. den jüdischen Tempel wieder aufbauen lassen
wollte und man begann, dazu die Ruinen des zerstörten Tempelgebäudes zu beseitigen, wurde diese Tradition auf die westliche Umfassungsmauer des Tempelbezirks, die von den Römern
nur teilweise zerstört worden war, übertragen und zum Kristal-
lisationskern der Tradition der Klagemauer, die seit dem 16. Jh.
durch türkische Order an der bis heute von der Judenheit verehrten Stelle fixiert wurde.

Zur Zeit des Kaisers Diokletian (284–305 n. Chr.) wurde die
X. Legion Fretensis aus der Stadt abgezogen und nach Aila, das
heutige Eilat, verlegt, um die südliche Provinz Palästina gegen
Einfälle aus der Wüste zu schützen.

Neue Impulse für die Stadtgeschichte Jerusalems brachte erst
die konstantinische Wende. 313 n. Chr. wurde das Christentum
nach einer langen Phase der Verfolgung als *religio licita* (er-
laubte Religionsausübung) staatsoffiziell im Römischen Reich
anerkannt. 324 n. Chr. übernahm Konstantin I. nach dem Sieg
über seinen Gegenspieler im Kampf um die Alleinherrschaft Li-
cinius (308–324 n. Chr.) die Herrschaft auch über den Osten
des Römischen Reiches. 325 n. Chr. griff Konstantin schon in
das von ihm einberufene Konzil von Nicäa ein und räumte dort
dem Jerusalemer Bischof Makarius einen Ehrenrang unter den
versammelten Bischöfen ein. Die Sonderstellung Jerusalems als
Ort des Todes und der Auferstehung Christi kam auch in Konstantins Bemühen um den Bau der Grabeskirche an der Stelle des
heidnischen Tripelheiligtums am Forum von Aelia zum Ausdruck. In dem um 337 n. Chr. verfassten Bericht von der Auffindung des Jesusgrabes unter römischen Aufschüttungen für den
heidnischen Tempel stilisierte der Bischof Eusebius von Caesarea (vor 265–339 n. Chr.), der Biograph des Kaisers, Konstantin
zum Initiator der Suche nach dem Grab, da es dem Kaiser als
eine Pflicht erschienen sei, «den seligsten Ort der heilbringenden
Auferstehung des Heilandes in Jerusalem allen sichtbar zu ma-

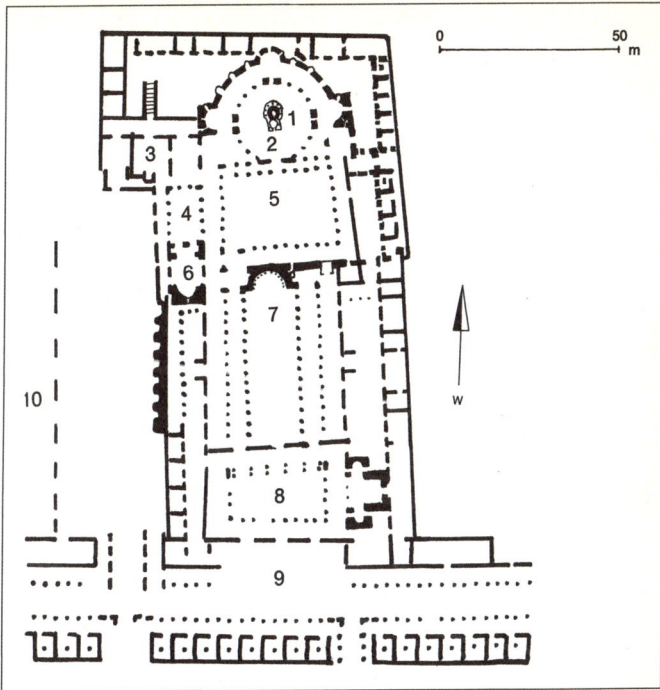

Abb. 32 Die Grabeskirche gegen Ende des 4. Jh. mit Grab Christi (1),
Rotunde (2), Baptisterium (3), Südatrium (4), Atrium der Rotunde (5),
Golgatha-Kirche (6), Basilika (7), Ostatrium (8), Cardo Maximus (9),
Forum (10)

chen und der Verehrung zu übergeben». Wie wir sahen, ist die
Tradition, das Grab Jesu sei im Bereich des in herodianischer
Zeit als Nekropole genutzten Steinbruchs unter dem Forum
und Tripelheiligtum von Aelia zu finden, historisch nicht un-
wahrscheinlich. Schwieriger ist die Verifikation des einen als
Grab Jesu gezeigten Grabes neben anderen in der Grabeskirche.
Diese zwischen 337 und 348 n. Chr. erbaute Kirche bestand
aus einer in Anspielung auf die Kreuzigung als Martyrion bezeichneten Basilika und einer mit der Auferstehung verbundenen und daher als Anastasis bezeichneten Rotunde (Abb. 32).

Zwischen Cardo Maximus und Basilika sowie zwischen Basilika und Rotunde lag jeweils ein Atrium, wobei Fragmente von Cardo und Atriumseingang noch heute in der Backstube des Zuckerbäckers Zalatimo im Suk el-Attarin (Abb. 2) und im Russischen Hospiz sichtbar sind. Das Bauprogramm der Grabeskirche knüpfte an zeitgenössische königliche Grabarchitektur in Rom an, die die Rotunde des Mausoleums der Konstantia mit der Kirche der St.-Agnes-Basilika und das Mausoleum der Helena – der Mutter Konstantins I. – mit der Kirche der SS. Peter- und Marcellinus-Basilika verband. Das Mittelschiff der dreischiffigen Basilika der Grabeskirche in Jerusalem maß 13,5 m, das Zentralschiff der konstantinischen St.-Petrus-Basilika in Rom 24 m, das der konstantinischen Geburtsbasilika in Bethlehem nur 10 m, womit die Abstufung der Bedeutung der Basiliken zum Ausdruck gebracht wurde. Für die Jerusalemer Basilika wurden, wie sich in neueren Grabungen in der Grabeskirche bestätigte, römische Fundamente des Tripelheiligtums und des Forums genutzt. Die Rotunde mit einem Durchmesser von 35 m und dem Grab Christi in der Mitte diente als Triumphmausoleum Christi. Die Mauern der byzantinischen Rotunde, die vor allem im 11. Jh. durch einen moslemischen Versuch, die Grabeskirche zu zerstören, schwer beschädigt wurden, stehen noch heute stellenweise bis zu 11 m Höhe an.

Da für das *Johannesevangelium* (19,17.41) Golgatha und Grab Jesu nahe beieinander lagen, zog die Auferstehungstradition der Grabeskirche auch die Kreuzigungs- und Golgathatradition an sich, so dass schon im 4. Jh. der Golgatha-Felsen in Verlängerung des südlichen Seitenschiffs des Martyrions der Basilika im Atrium vor der Rotunde der Anastasis gezeigt wurde. Auch die Legende von der Auffindung des Kreuzes durch die Kaisermutter Helena wurde im 4. Jh. mit der Grabeskirche verbunden. Zahlreiche Motive, die bis 70 n. Chr. am jüdischen Tempel und seinem Heiligen Felsen zum Teil seit mehr als tausend Jahren hafteten, wurden auf den Golgatha-Felsen und die Grabeskirche übertragen, in der nun die Opferung Isaaks, das Adamsgrab, die Himmelspforte und der Mittelpunkt der Erde,

der Schlussstein der Urflut und der Eingang zur Totenwelt gezeigt und verehrt wurden.

Im 5. Jh. stieg Jerusalem zu einem der fünf Patriarchate der
Weltchristenheit neben Rom, Konstantinopel, Alexandrien und
Antiochien auf. Dieser kirchenpolitische und -rechtliche Aufstieg spiegelte sich auch in der Entwicklung der Stadtarchitektur
wider. Zahlreiche Kirchen wurden im 4.–6. Jh. gebaut (Abb. 33),
so auf dem SW-Hügel, der inzwischen als der höhere der zwei
Hügel anstelle des SO-Hügels als Zionsberg und Ort der Stadt
Davids galt, eine Hagia Sion-Kirche, an die sich die Abend-
mahls- und Geistausgießungstradition ankristallierte. Hier
wurde das Haus der Apostel, die Erscheinung des Auferstande-
nen und der Tod Marias lokalisiert. Bei Ausschachtungsarbeiten
für die deutsche Benediktiner-Abtei der Dormitio in den Jahren
1898/99 wurden Teile der fünfschiffigen byzantinischen Basilika
dieser Kirche sichtbar. Weitere Impulse erhielt der Aufschwung
Jerusalems durch den Besuch der Kaiserin Eudokia 438 n. Chr.
in der Stadt. Zahlreiche Kirchenbauten gingen auf ihre Initiative

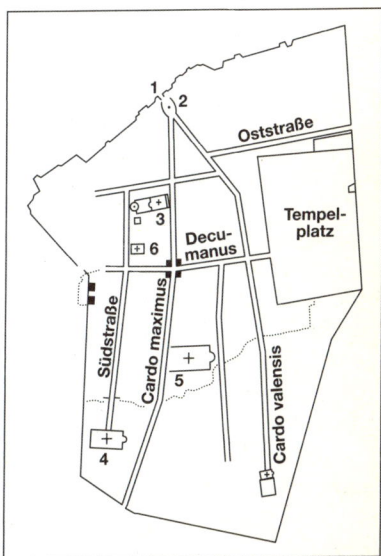

Abb. 33 Das byzantinische
Jerusalem mit Stephanstor (1),
Forum des Tores (2),
Grabeskirche (3),
Hagia Sion-Kirche (4),
Hagia Maria Nea-Kirche (5),
Johannis-Kirche (6)

zurück. Einige Jahre später wurde sie aufgrund einer Intrige am
Hofe in Konstantinopel nach Jerusalem verbannt. Wohl auf ihre
Veranlassung hin wurde Jerusalem nach einigen früheren Vorar-
beiten wieder durch eine Stadtmauer geschützt, die, wie die Grabungen auf dem SW-Hügel und im Zentraltal zeigen, dort der
Linienführung der Ersten Mauer aus dem 2. Jh. v. Chr. folgte
und sich nach Norden bis auf die Höhe der Nordmauer der heutigen Altstadt erstreckte. Auch der SO-Hügel, der seit 70 n. Chr.
nicht mehr Teil des Stadtgebietes war und als Steinbruch diente,
wurde wieder durch eine Stadtmauer in die Stadtbefestigung
einbezogen und dicht besiedelt. Diese Mauer hatte im 19. Jh.
C. Warren entdeckt (Kap. 3) und damit den Startschuss für die
Ausgrabungen auf dem SO-Hügel gegeben. Zwischen 494 und
516 n. Chr. wurde auf dem SO-Abhang des SW-Hügels mit dem
Bau einer Hagia Maria Nea-Kirche und dazugehörigen Klös-
tern, Hospizen, Hospitälern und Bibliotheken begonnen, die
543 n. Chr. geweiht wurde. In der Ausgrabung von N. Avigad
im Jüdischen Viertel der Altstadt konnte eine große Gewölbe-
substruktion der Nea-Kirche freigelegt werden, nachdem ihre
genaue Lage der Forschung lange Zeit Rätsel aufgegeben hatte.
Mit der Einweihung dieser Kirche zur Zeit des Kaisers Justinian
(527–565 n. Chr.) erreichte das christlich-byzantinische Jerusalem seinen glanzvollen Höhepunkt. Die Ausdehnung Jerusalems
entsprach wieder der der Stadt vor der Zerstörung durch Titus,
doch war der Nordteil aufgrund der römischen Aelia Capitolina
nun dichter besiedelt als in herodianischer Zeit, so dass von einer Bevölkerungsgröße von bis zu 100 000 Einwohnern auszugehen ist. Die Mosaikkarte einer byzantinischen Kirche im
transjordanischen Madaba (Abb. 34), die um 560 n. Chr. entstanden ist, zeigt die Glanzzeit Jerusalems, die erst abbrach, als
die Stadt 614 n. Chr. von den sassanidischen Persern, die mit
dem byzantinischen Reich Krieg führten, erobert und zahlreiche
Kirchen, unter ihnen die Grabeskirche, zerstört wurden. Doch
war das nur ein Präludium zur bald darauf folgenden moslemischen Eroberung der Stadt. 635 n. Chr. konnte der Kalif Abu
Bakr Damaskus erobern und ein Jahr später das byzantinische
Heer unterhalb des Sees Genezareth vernichtend schlagen.

Abb. 34　Die Jerusalem-Vignette des Madaba-Mosaiks mit
(von links nach rechts) Stephanstor (A) und Forum, Cardo Maximus (I) mit
Grabeskirche (G), Hagia Maria Nea-Kirche (H) und Hagia Sion-Kirche (J)

In Jerusalem rüstete der greise Patriarch Sophronius zur Ver-
teidigung der Stadt. Zwei Jahre konnte sie der muslimischen Belagerung standhalten, bis Sophronius in Verhandlungen zur
Übergabe der Stadt eintreten musste. Als er 638 n. Chr. die Tore
Jerusalems öffnen ließ, soll er vom Kalifen Omar die Zusage der
Religionsfreiheit für die Christen erhalten haben. Noch Omar
soll südlich des Heiligen Felsens eine erste Moschee auf dem
Tempelplatz, den die Christen als Zeichen des Gottesgerichts an
den Juden in Ruinen liegen ließen, errichtet haben. Ein halbes
Jahrhundert später erstrahlte der Tempelbezirk in neuem Glanz.
691/92 n. Chr. war der Bau des Felsendoms, der erstmals nach
der Zerstörung des jüdischen Tempels den Heiligen Felsen wieder überwölbte, unter der Herrschaft des omajjadischen Kalifen
Abdalmalik ibn Marwan abgeschlossen (Abb. 35). Unter ihm
oder seinem Sohn Walid I. ibn Abdalmalik (705–750 n. Chr.)
wurde auch die Aksa-Moschee fertiggestellt, so dass ein Bauprogramm realisiert war, das mit Rotunde und Basilika dem der
christlichen Grabeskirche entsprach. Als architektonisches Ge-
genprogramm zur christlichen Grabeskirche wurde der Felsendom mit der in der 17. Sure des Korans nicht lokalisierten Tradition der Himmelfahrt des Propheten verbunden, so dass der

Abb. 35 Der moslemische Felsendom auf dem Tempelplatz

Felsendom auf dem Jerusalemer Tempelplatz zum drittheiligs-
ten Heiligtum des Islam aufsteigen konnte, Jerusalem aber damit zur Heiligen Stadt nicht nur der Juden und Christen, sondern auch der Muslime wurde. Die Geschichte des antiken Jerusalem, die auch die Geschichte der mit der Stadt verbundenen
Religionstraditionen ist, hat bis heute Einfluss auf die Konflikte
in dieser Stadt, und, so ist zu hoffen, auch auf ihre Lösungsmög-
lichkeiten.

10. Anhang

Abkürzungen biblischer Bücher

Gen	Genesis (1. Buch Mose)
Deut	Deuteronomium (5. Buch Mose)
Ri	Richterbuch
1 Sam	1. Buch Samuel
2 Sam	2. Buch Samuel
1 Kön	1. Buch Könige
2 Kön	2. Buch Könige
1 Chr	1. Buch der Chronik
2 Chr	2. Buch der Chronik
Esr	Buch Esra
Neh	Buch Nehemia
1 Makk	1. Buch Makkabäer
2 Makk	2. Buch Makkabäer
Ps	Buch der Psalmen
Jes	Buch Jesaja
Jer	Buch Jeremia
Ez	Buch Ezechiel
Hag	Buch Haggai
Sach	Buch Sacharja
Mark	Evangelium nach Markus
Joh	Evangelium nach Johannes

Erklärungen archäologischer Fachbegriffe

Ante vordere Seite einer frei endenden Mauer

Arkosolgrab Bogenbankgrab mit in den Felsen geschlagener Grabliege und diese überwölbendem Bogen

Atrium Innen- oder Vorhof

Basilika in der Regel mehrschiffige römische Markt- und Gerichtshalle, mit Säulengängen umzogen

Bit-Hilani Palast syrischen Typs mit zwei zur Hauptachse parallelen Hallen, die als Eingangs- und Thronhalle dienen

Bosse vorstehende Reste der Rohform eines bearbeiteten Steines

Bulla Tonstempel, der der Versiegelung von Dokumenten dient

Caesareum Heiligtum des römischen Kaiserkultes

Cardo Maximus Hauptstraße entlang der Grundachse einer römischen Siedlung

Decumanus Maximus Hauptstraße einer römischen Siedlung rechtwinklig zur Hauptachse des Cardo Maximus

Favissa Raum zur Lagerung nicht mehr verwendeter Kultgegenstände

Glacis(mauer) schräge Erd- oder Steinaufschüttung, die keinen toten Winkel entstehen lässt

Kasemattenmauer Mauertyp zweier Parallelmauern, die durch Querverstrebungen stabilisiert werden

Ostrakon beschriftete Tonscherbe

Pilaster mit einer Mauer abschließend verbundener Pfeiler

Portikus Säulenhalle

Quadriportikus eine vierseitig von Hallen umgebene Platzanlage

Stratigraphie Beschreibung der Abfolge von Siedlungsschichten

Literatur

Zur Geschichte Jerusalems und des antiken Judentums

J. Simons, Jerusalem in the Old Testament, 1952

A. M. Stève/L. H. Vincent, Jérusalem de l'Ancien Testament, 2 Bde in 3 Teilen, 1954–1956

E. Otto, Jerusalem. Die Geschichte der Heiligen Stadt von den Anfängen bis zur Kreuzfahrerzeit, Urban-Taschenbücher 308, 1980

H. Donner, Geschichte des Volkes Israel und seiner Nachbarn, 2 Bde, ³2000–2001

L. Grabbe, A History of the Jews and Judaism in the Second Temple Period, Bd. 1, 2004

E. Otto, Staat-Gemeinde-Sekte. Soziallehren des antiken Judentums, in: Zeitschrift für Altorientalische und Biblische Rechtsgeschichte 12, 2006, 312–343

M. Bernett, Der Kaiserkult in Judäa unter den Herodianern und Römern. Untersuchungen zur politischen und religiösen Geschichte Judäas von 30 v. bis 66 n. Chr., 2007

Zur Architekturgeschichte Jerusalems

G. J. Wightman, The Walls of Jerusalem. From the Canaanites to the Mamluks, 1993

K. Biberstein/H. Bloedhorn, Jerusalem. Grundzüge der Baugeschichte vom Chalkolithikum bis zur Frühzeit der osmanischen Herrschaft, 3 Bde, 1994

J. Ådna, Jerusalemer Tempel und Tempelmarkt im 1. Jahrhundert n. Chr., 1999

A. Lichtenberger, Die Baupolitik Herodes' des Großen, 1999

E. Netzer, The Architecture of Herod, the Great Builder, 2006

Zur Archäologie Jerusalems

M. A. de Sion, La forteresse Antonia à Jérusalem et la question du prétoire, 1955

K. M. Kenyon, Digging Up Jerusalem, 1974

C. Coüasnon, The Church of the Holy Sepulchre, 1974

Y. Yadin (Hg.), Jerusalem Revealed. Archaeology of the Holy City 1968–1974, 1975

B. Mazar, Der Berg des Herrn. Neue Ausgrabungen in Jerusalem, 1979

N. Avigad, Discovering Jerusalem, 1983

Y. Shiloh u. a., Excavations of the City of David I–VI, 1984–2000

N. Ben-Dov, In the Shadow of the Temple. The Discovery of Ancient Jerusalem, 1985

A. D. Tushingham u. a., Excavations by Kathleen M. Kenyon in Jerusalem 1961–1967 I–VI, 1985–1995

D. Ussishkin, The Village of Silwan. The Necropolis from the Period of the Judean Kingdom, 1993

K. J. H. Vriezen, Die Ausgrabungen unter der Erlöserkirche im Muristan, Jerusalem 1970–1974, 1994

S. Gibson/J. E. Taylor, Beneath the Church of the Holy Sepulchre Jerusalem, 1994

H. Geva (Hg.), Jewish Quarter Excavations in the Old City of Jerusalem Conducted by Nahman Avigad 1969–1982 I–III, 2000–2006

ders. (Hg.), Ancient Jerusalem Revealed, ²2000 (darin: A. Kloner/D. Davis, A Burial Cave of the Late First Temple Period of the Slope of Mount Zion, 107–110; R. Reich/E. Shukron, The Excavations at the Gihon Spring and Warren's Shaft System in the City of David, 327–339)

A. G. Vaughn/A. E. Killebrew (Hg.), Jerusalem in Bible and Archaeology. The First Temple Period, 2003

L. Rittmeyer, The Quest: Revealing the Temple Mount in Jerusalem, 2006

Besichtigungs- und Reiseführer

E. Mazar, The Complete Guide to the Temple Mount Excavations, 2002

M. Küchler, Jerusalem. Ein Handbuch und Studienreiseführer, 2007

Bibliographie

J. D. Purvis, Jerusalem. A Bibliography, 2 Bde, 1988–1991

Zeittafel

4000–3200	Chalkolithikum (Kupfersteinzeit)
3200–2200	Frühbronzezeit
2200–1550	Mittelbronzezeit
18. Jh.	Stadtgründung Jerusalems auf dem SO-Hügel
1550–1250	Spätbronzezeit
14. Jh.	Amarnazeit
1250–586	Eisenzeit
10. Jh.	David und Salomo
	Entstehung der Staaten Juda und Israel
9. Jh.	Omri-Dynastie in Israel
725–696	Hiskia von Juda
722–720	Eroberung Israels und Zerstörung Samarias durch die Assyrer
639–609	Josia von Juda
587/86	Zerstörung Jerusalems durch die Babylonier und Beginn der Exilierung der Jerusalemer Oberschicht
539–331	Herrschaft der persischen Achaemeniden
445–432	Nehemia
398/97	Esra
301–198	Herrschaft der hellenistischen Ptolemäer
198–135	Herrschaft der hellenistischen Seleukiden
160–37	Herrschaft der jüdischen Hasmonäer
37 v. Chr.–44 n. Chr.	Herrschaft der idumäisch-jüdischen Herodianer
44–313	römische Herrschaft
313–638	byzantinische Herrschaft
ab 638	moslemische Herrschaft

Personenregister

Moderne Personen

Sachregister

Bibelstellenregister

Bildnachweis

Karten auf den Umschlaginnenseiten: Peter Palm, Berlin

Abb. 1: Kathleen M. KENYON, Digging Up Jerusalem (²1974 Ernest Benn Ltd., London & Tonbridge), Taf. 12 (Photo: E. Schweig, Jerusalem)

Abb. 2, 10, 12, 13, 18, 21,23, 25, 28, 29, 31, 32, 33, 35: Verfasser

Abb. 3: Institute of Archeology, Hebrew University of Jerusalem (Photo: H. Shafir)

Abb. 4: Institute of Archeology, Hebrew University of Jerusalem (Photo: Z. Radovan)

Abb. 5: Meir BEN-DOV, In the Shadow of the Temple. The Discovery of Ancient Jerusalem (Keter Press Enterprises) S. 170/171

Abb. 6: KENYON, S. 13, Abb. 3

Abb. 7: Nach SHILOH, S. 40/41, Abb. 3

Abb. 8: KENYON, Taf. 14

Abb. 9: KENYON, Taf. 24

Abb. 11: KENYON, Taf. 32

Abb. 14: Nahman AVIGAD, Discovering Jerusalem (1983 Thomas Nelson Inc., Nashville, Originalausgabe 1980 Shikmona Publishing Co., Jerusalem), Abb. 15a, S. 40

Abb. 15: KENYON, Taf. 61

Abb. 16: Institute of Archeology, Hebrew University of Jerusalem

Abb. 17: KENYON, Taf. 62 (Prof. N. Avigad, IEJ 20, Taf. 29)

Abb. 19: Aus David USSHISHKIN, The Village of Silwan, Jerusalem 1993, Israel Exploration Society, S. 33, Ill. 19 (Photo: David Harris)

Abb. 20: Aus USSHISHKIN, S. 248, Ill. 183 (Photo: David Harris)

Abb. 22: KENYON, Taf. 35

Abb. 24: Nach VINCENT/STÈVE, Jérusalem de l'Ancien Testament, (1956 Gabalda, Paris), Taf. 80B

Abb. 26: BEN-DOV, Seite 100/101

Abb. 27: VINCENT/STÈVE, Taf. 13

Abb. 30: VINCENT/STÈVE, Taf. 14 unten

Abb. 34: AVIGAD, Abb. 259, S. 212. Nach M.-J. Lagrange, 1897